Vorwort

In einer Stadt mit 1,5 Millionen Einwohnern 111 ungewöhnliche Orte ausfindig zu machen, mag einfacher sein als in einer mit 150.000 Einwohnern. Salzburg ist eine kleine Stadt, jedenfalls kleiner, als es ihr Ruf als Festspielmetropole oder als Weltkulturerbe-Repräsentant suggeriert. Und selbst als die Recherche-Aktivitäten für dieses Buch auf das Umland ausgedehnt wurden, war ich anfangs etwas skeptisch.

Doch dann begannen aus dieser kleinstädtischen Wundertüte ungewöhnliche Ziele und Geschichten sonder Zahl zu purzeln. Wo außer in Salzburg kann man ein mittelalterliches Stollensystem begehen, das heute noch seinen ursprünglichen Zweck erfüllt? In welcher Stadt begegnet man frei lebenden City-Gämsen und Flamingos? Wo sonst ertönt eine Bierglocke, die bereits im 15. Jahrhundert Zecher zur Ordnung rief? Was ist eine Picherei? Und warum gibt es eine Staatsgrenze tief im Berg? Dieses Buch führt auch Salzburg-Kenner an einige Orte, die sie inspirieren können.

Seit der ersten Salzburg-Recherche im Jahr 2012 hat sich einiges verändert. Manche Ziele aus der Erstauflage des Buches gibt es in der beschriebenen Form nicht mehr. Neue interessante Ziele, wie ich meine, haben sie ersetzt, etwa das fahr(T)raum-Museum in Mattsee, das jeder Autofan einmal besucht haben sollte, oder die Salzach-Auen, wo gerade ein spannendes, über Jahre angelegtes ökologisches Projekt im Gang ist.

Falls Sie Lust haben, Salzburg mit neuen Augen zu entdecken, dann machen Sie sich guter Dinge auf die Reise. Und noch ein Tipp: Wer besonders viel vorhat, ist mit einer Salzburg Card gut beraten.

111 Orte

1   Der Marmorsteinbruch | Adnet
Mekka des roten Marmors | 10

2   Die Salzach-Auen | Anthering/Oberndorf
Salzburgs Tor zum Weltall | 12

3   Die Glasenbachklamm | Elsbethen
200 Millionen Jahre zurückwandern | 14

4   Die Bullen-Skulptur | Fuschl am See
Sturm, Drang und Innehalten 16

5   Die Kugelmühle | Grödig
Marmorkugeln vom Untersberg als Exportschlager | 18

6   Die Naturbestattungsplätze | Grödig
Wiesen, Bäume und eine Alm als letzte Ruhestätten | 20

7   Die Museumsfeldbahn | Großgmain
Auf schmalen Gleisen zu alten Höfen | 22

8   Der Schmetterlingsweg | Großgmain
Der »butterfly effect« im Kleinen | 24

9   Das Keltenmuseum | Hallein
Eine Hochkultur mit vielen Fragezeichen | 26

10   Der Predigtstuhl | Hallein
Wo Protestanten heimlich Andacht hielten | 28

11   Die Staatsgrenze im Bergwerk | Hallein
Tief nach Bayern wühlten sich die Knappen | 30

12   Das Stille-Nacht-Museum | Hallein
Die vielleicht bedeutendste Gitarre der Musikgeschichte | 32

13   Das Gut Aiderbichl | Henndorf
Wo Tiere das Leben lieben | 34

14   Die Wiesmühle | Henndorf
Das Paradies für den Literaten Carl Zuckmayer | 36

15   Das Brauhaus Gusswerk | Hof bei Salzburg
Bio sei das Bier und bunt | 38

16   Der fahr(T)raum | Mattsee
Ferdinand Porsches frühe Geniestreiche | 40

17   Der Leopold-Kohr-Hof | Oberndorf
Für eine Rückkehr zum menschlichen Maß | 42

18   Die Salzachbrücke | Oberndorf/Laufen
Jugendstilvoll die Grenze überqueren | 44

19 Die Stille-Nacht-Kapelle | Oberndorf
Gedenkstätte mit einem schaurigen Geheimnis | 46

20 Das BierKulturHaus | Obertrum
Viel Neues um Hopfen und Malz | 48

21 Der Salzburgring | Plainfeld
Der Circus Maximus für draufgängerische PS-Ritter | 50

22 Der Aigner Park | Salzburg
Müßiggang auf kulturhistorischen Pfaden | 52

23 Die Almwelle | Salzburg
Good Vibrations für Salzburgs Surfer-Subkultur | 54

24 Die Alpenmilch-Zentrale | Salzburg
Das Beste von Kuh und Industriedesign | 56

25 Die Antretter-Hauskapelle | Salzburg
Kleinod im Hinterhof | 58

26 Das Augustiner Bräu Mülln | Salzburg
Höchste Braukunst, wie vor 100 Jahren | 60

27 Der Balkan Grill | Salzburg
Die Bosna: Salzburgs Antwort auf die Currywurst | 62

28 Die Blitzmessstation | Salzburg
Wenn's wo einschlägt, dann am Gaisberg | 64

29 Die Blumen-Verkehrsinseln | Salzburg
Flower Power fürs Auge und fürs Gemüt | 66

30 Der Botanische Garten | Salzburg
Salzburgs Flora in der Nussschale | 68

31 Das Café Wernbacher | Salzburg
Müßiggang im Takt der 1950er Jahre | 70

32 Die Christian Doppler Schau | Salzburg
Der Physiker, der 14 Nobelpreisträger inspirierte | 72

33 Das Dommuseum | Salzburg
Ein Hauch von einstigem Prunk | 74

34 Der Erentrudishof | Salzburg
Streng katholisch und biologisch | 76

35 Die Festspiel-Außenorgel | Salzburg
Erwacht aus 50 Jahren Dornröschenschlaf | 78

36 Das Festspiel-Freiluftkino | Salzburg
Opern- und Konzerthighlights zum Nulltarif | 80

37 Die Flamingokolonie | Salzburg
Gekreische und Gekrächze abseits des Zoos | 82

38 Die Fliesenbilder am Hauptbahnhof | Salzburg
Tourismuswerbung von 1910 reloaded | 84

39 Der Fotohof | Salzburg
Ein präziser Blick auf Salzburg und den Rest der Welt | 86

40 Die Franziskanerkirche | Salzburg
Anmutiger Stilmix von Romanik bis Rokoko | 88

41 Die Gabrielskapelle | Salzburg
Aberhunderte farbige Kacheln zieren das Mausoleum | 90

42 Die Gämsenkolonie | Salzburg
»… auf Pfaden, die keine Gämse je betreten hat« | 92

43 Der Gemüsestand Punz | Salzburg
Tomaten-Wunder auf der Schranne | 94

44 Der Glockenspielturm | Salzburg
Salzburgs akustisches Wahrzeichen im Blick | 96

45 Die Gstättengasse | Salzburg
Als der Himmel auf Salzburg stürzte | 98

46 Das Hangar-7-Flugzeugmuseum | Salzburg
Betagte Herren der Lüfte in neuem Glanz | 100

47 Das Heizkraftwerk Mitte | Salzburg
Beton statt Barock | 102

48 Die Hellbrunner Allee | Salzburg
Ein Verkehrsweg, aber nicht für jedermann | 104

49 Die Hexenturm-Gedenktafel | Salzburg
Ein düsteres Kapitel der Salzburger Justiz | 106

50 Die Katakomben | Salzburg
Inspiration am Rand des Petersfriedhofs | 108

51 Die »Katze« | Salzburg
Wo der Jedermann-Rufer sein Bestes geben muss | 110

52 Das kleinste Haus Salzburgs | Salzburg
1,42 Meter? Kein Grund für Minderwertigkeitskomplexe! | 112

53 Der Kletterparcours Mülln | Salzburg
Gipfelgefühle für Stadtmenschen | 114

54 Die Konditorei Fürst | Salzburg
Nach dem »süßen« Reinheitsgebot | 116

55 Das Krautwächterhäusl | Salzburg
Wo der Henker nicht wohnte | 118

56 Die Landkartengalerie | Salzburg
Einer der schönsten Lesesäle des Landes | 120

57 Der Lederbekleidungs- und Trachtenerzeuger | Salzburg
Von Kopf bis Fuß auf Trachten eingestellt | 122

58 Das Literaturhaus | Salzburg
Erlesenes in altehrwürdigen Räumen – und davor | 124

59   Der Lüpertz-Mozart | Salzburg
Irritierendes am »Walk of Modern Art« | 126

60   Das m32-Panoramacafé | Salzburg
Wo Kunst auf die Geweihe genommen wird | 128

61   Der Makartsteg | Salzburg
Liebesschwüre in hundertfacher Ausfertigung | 130

62   Das Marionettentheater | Salzburg
Nirgendwo tanzen die Puppen anmutiger | 132

63   Die Marmorstiege | Salzburg
Auf dem Weg zum Jawort grüßen die Putten | 134

64   Der McDonald's-Löwe | Salzburg
Alt und Neu verträgt sich gut in der Getreidegasse | 136

65   Das Mechanische Theater | Salzburg
Und wieder eins auf den Kopf | 138

66   Der Messermacher Kappeller | Salzburg
Scharfes mit Stil | 140

67   Der Mönchsbergaufzug | Salzburg
Einst Vorbild für den Big Apple | 142

68   Die Mönchsberggarage | Salzburg
Parken im Bunker ist heiß begehrt | 144

69   Die Morzger Faistauer-Fresken | Salzburg
Kunstschatz der Zwischenkriegszeit | 146

70   Das Mozart-Familiengrab | Salzburg
Wer hier begraben liegt, bleibt rätselhaft | 148

71   Die Mozart Ton- und Filmsammlung | Salzburg
24.000-mal dem Meister lauschen | 150

72   Der Münchnerhof | Salzburg
Münchner Kindl sind heute noch Stammgäste | 152

73   Neue Mitte Lehen | Salzburg
Denkmal für Salzburgs einstigen Paradefußballklub | 154

74   Der Niederleghof | Salzburg
Warenlager und Verkehrshindernis | 156

75   Das Paracelsus-Grabmal | Salzburg
Das Vermächtnis des Alchemisten | 158

76   Die Parscher Pfarrkirche | Salzburg
Das Kruzifix schwebt in der Luft | 160

77   Der Rainberg | Salzburg
Dieser Stadtberg ist »off limits« für Zweibeiner | 162

78   Der Rathausturm | Salzburg
Wenn die Bierglocke läutet | 164

79 Der Reißzug | Salzburg
Ein treuer Lastesel für Hohensalzburg | 166

80 Die Richterhöhe | Salzburg
Ein Denkmal für einen Gletscherforscher | 168

81 Der Rosenhügel | Salzburg
Love is in the air | 170

82 Der Salzburger Stier | Salzburg
Alle aus den Federn, brüllte das Hornwerk einst | 172

83 Das Salzburg-Panorama | Salzburg
Ganz Salzburg an einem Herbsttag 1825 | 174

84 Die Schirmmanufaktur | Salzburg
Schnürlregen, du hast keine Chance! | 176

85 Das Schlapp-Stüberl | Salzburg
»Schlipp, schlapp, schlorum« und andere Rituale | 178

86 Das Schloss Mirabell | Salzburg
Eine Liebesgabe der besonderen Art | 180

87 Der Schlosspark Leopoldskron | Salzburg
Max Reinhardts persönliche Spielwiese | 182

88 Das Spielzeug Museum | Salzburg
Endlich Schlechtwetterprogramm für die Kleinen | 184

89 Das Spirituosengeschäft | Salzburg
Von A wie Allasch bis Z wie Zirbe | 186

90 Das Stefan Zweig Centre | Salzburg
Späte Anerkennung für einen großen Europäer | 188

91 Die Stefan Zweig Villa | Salzburg
Schriftsteller-Refugium am Kapuzinerberg | 190

92 Die Steingasse | Salzburg
Die ungeschminkte City-Version Salzburgs | 192

93 Das Steintheater | Salzburg
In Hellbrunn wurde Operngeschichte geschrieben | 194

94 Die Stiegl Brauwelt | Salzburg
Zur Biergeschichte gibt's bierige Experimente | 196

95 Der Stieglkeller | Salzburg
Stammtischkultur mit schönen Aussichten | 198

96 Das Stift Nonnberg | Salzburg
1.300 Jahre Einsamkeit | 200

97 Der Stiftsarmstollen | Salzburg
Das Herzstück des Almkanals zu Fuß erkunden | 202

98 Die Stiftsbäckerei | Salzburg
Nirgendwo schmeckt das Brot besser | 204

99	Der Stupa	Salzburg
	Buddhistisches Energiekraftwerk am Mönchsberg	206
100	Das Taufbecken im Dom	Salzburg
	Initiation von Mozart bis Mohr	208
101	Die Thomas-Bernhard-Gedenktafel	Salzburg
	Eine Hassliebe, die Literaturgeschichte schrieb	210
102	Das Trakl-Geburtshaus	Salzburg
	Im Spannungsfeld von Traum und Wirklichkeit	212
103	Das Triangel	Salzburg
	Stelldichein der Festspiel-Künstler und Studenten	214
104	Die Villa Trapp	Salzburg
	Auf den Spuren von »The Sound of Music«	216
105	Der Wasser.Spiegel	Salzburg
	Hier einen gegen den Durst!	218
106	Der Weinberg	Salzburg
	Klein, aber fein ist die Salzburger Weinernte	220
107	Der Wilde-Mann-Brunnen	Salzburg
	Ein archaischer Anblick im Festspielbezirk	222
108	Das Zauberflötenhäuschen	Salzburg
	Bescheidene Stätte Mozart'scher Inspiration	224
109	Der Teufelsgraben	Seeham
	Wo Armbrustschützen gern Ripperl essen	226
110	O-Fischers Seeterrasse	Seekirchen am Wallersee
	Safari-Stützpunkt am wilden Ende des Wallersees	228
111	Das Wenger Moor	Wallersee
	Die Eiszeit lässt grüßen	230

ADNET

1__Der Marmorsteinbruch
Mekka des roten Marmors

»Adneter Marmor« ist in der Fachwelt gleichbedeutend mit »Stein von höchster Qualität«. Dass die ehemals 15 Steinbrüche von Adnet jahrhundertelang bestes Baumaterial für das nahe gelegene Salzburg lieferten, ist bei einem Spaziergang durch die Salzach-Stadt leicht zu erkennen. Doch Adneter Marmor, allen voran der »Rot-Scheck«, wurde auch ins Ausland geliefert, wie etwa die Steinbildhauerarbeiten der Bischöfe im Würzburger Dom oder die Mariensäule in München belegen.

Geologen bezeichnen das Adneter Steinbruchareal als »Mekka des roten Marmors«, weil es nirgendwo sonst so viele verschiedene und qualitativ hochwertige Marmorsorten in derart konzentrierter Form gibt. Neben dem Rot-Scheck kommt hier auch der Korallenmarmor vor, der meist hell auftritt, aber auch rötlich bis grün schimmern kann. Das Marmormuseum im Gemeindeamt präsentiert eine sehenswerte Zusammenschau über den Abbau des Gesteins, mit dem vermutlich bereits die Römer im 2. Jahrhundert nach Christus begonnen hatten. Ein erster schriftlicher Beleg datiert aber erst aus dem Jahr 1420.

Der vom Museum ausgehende, etwa zweistündige Rundwanderweg durch das Steinbruchareal veranschaulicht Vergangenheit und Gegenwart des Marmorabbaus. In einigen Brüchen wird der Rot-Scheck heute noch gewonnen. Dazu werden die bis zu zehn Meter hohen Blöcke mit einem Diamantseil aus der Wand geschnitten. Eine Wand zu bearbeiten, dauert drei bis vier Tage. Beim Rotgrauschnöllbruch erfährt man, dass hier in der zweiten Hälfte des 19. Jahrhunderts die Rohlinge für die Säulen des österreichischen Parlaments herausgeschnitten und vorgefertigt worden sind. Dann transportierte man die 18 Meter hohen Kunstwerke mit Pferdefuhrwerken nach Hallein und weiter nach Wien. Beim Wimbergbruch trifft man auf ein geologisches Phänomen: Obenauf ist roter Marmor, in der Schicht darunter befindet sich weißer Marmor.

Adresse Ausgangspunkt Gemeindeamt, Adnet 18, A-5421 Adnet, Tel. +43 (0)6245/84041, http://marmormuseum.adnet.at | **Öffnungszeiten** April–Okt. Do–Sa 16–18.30 Uhr sowie nach Vereinbarung, Winter Sa 14–16.30 Uhr | **Anfahrt** Aigner Straße (L105) oder die Alpenstraße (B150) und A10 Richtung Süden, Ausfahrt 16-Hallein, via L107 und L144 ins Zentrum von Adnet | **Tipp** Die ehemalige Schmiede mitten im Wald wurde in ein kleines Museum umgestaltet, wo man den Vorgang des »Schrotens« (älteste Technik des Steinabbaus) nachvollziehen kann.

ANTHERING/OBERNDORF

2 Die Salzach-Auen

Am Ende des Öko-Experiments ein neuer Urwald

Hier hallt das Tocken eines Spechts durch das Unterholz, dort haben Biber einen Baumriesen angenagt. Die Salzach-Auen nördlich der Landeshauptstadt bieten schöne Naturerlebnisse. Doch ökologisch gesprochen ist längst nicht alles eitel Wonne − Flussbegradigungen, Aufforstungen mit Fichten-Monokulturen und weitere menschliche Eingriffe haben dem Auenstreifen, der die Salzach zwischen Anthering und Oberndorf begleitet, viel an Dynamik und Ursprünglichkeit genommen. Mit einem groß angelegten Renaturierungsprojekt wird nun das Rad der Zeit zurückgedreht − und die Besucher haben die seltene Gelegenheit, einem spannenden ökologischen Experiment beizuwohnen.

Brennpunkt des von der EU geförderten LIFE-Projekts ist die Weitwörther Au mit dem Ausee. Er ist aus einem Baggerteich hervorgegangen und wirkt mit seinen steilen Ufern wie ein Fremdkörper. Eine Abflachung der Uferzone und die Entwicklung eines breiten Schilfgürtels sollen das Gewässer für Fische und Vögel attraktiver machen. Der nahe Reitbach wird mit Uferanbrüchen und Schotterflächen so umgestaltet, dass er zum einen neue Bewohner wie den Eisvogel anlockt, andererseits mit Überschwemmungen dem Wald neue Vitalität zuführen kann. Künftig führt nur mehr die Natur Regie − wenn Bäume fallen und vermodern, werden sie zu Lebensraum für seltene Käfer und Pilze. Gut haben es bereits Amphibien wie die Gelbbauchunke und der Kammmolch, für die neue Tümpel angelegt worden sind.

Die Auenwerkstatt als Natur-Bildungstreff und ein Erlebnisweg mit einem versteckten Vogelbeobachtungsplatz sind in Planung. Bis zur Umsetzung des kompletten Pakets dauert es noch bis 2020, aber es lohnt sich, öfter in die Au zu schauen und mitzuverfolgen, wie ein neuer Urwald entsteht. Längerfristig steht im Raum, auch die Antheringer Au samt Salzach, die derzeit wie in einem Flusskanal nach Oberndorf eilt, in die Renaturierung einzubeziehen.

Adresse zwischen A-5102 Anthering und A-5110 Oberndorf, www.life-salzachauen.at | **Öffnungszeiten** rund ums Jahr, am schönsten zwischen April und Oktober | **ÖPNV** Lokalbahn von Salzburg Hbf nach Weitwörth-Nussdorf, dann den Schildern in die Au folgen | **Anfahrt** mit dem Rad auf dem Tauernradweg | **Tipp** Im nahen Anthering haben mehrere Unternehmen hochwertige Produkte mit Moor entwickelt, im Restaurant Ammerhauser kann man etwa Moorspätzle oder -nudeln genießen (www.ammerhauser.at).

ELSBETHEN

3_Die Glasenbachklamm
200 Millionen Jahre zurückwandern

Muscheln, Korallenreste und jede Menge weitere Fossilien: Die Glasenbachklamm bei Elsbethen legt Zeugnis von einer Zeit ab, als die Gegend um das heutige Salzburg von Wassermassen bedeckt war, und bietet überdies die seltene Gelegenheit, auf einer Strecke von drei Kilometern gut und gern 200 Millionen Jahre zurück in die Vergangenheit zu reisen. Das hat doch was!

Auf der Wanderung durch das schluchtartige Tal des Klausenbachs gilt es, die Augen offen zu halten. Bis zum heutigen Tag spülen starker Regen und Erdrutsche am Hang Überreste größerer und kleinerer urzeitlicher Lebewesen an die Oberfläche. Der bisher spektakulärste Fund gelang vor etwa 100 Jahren, als Zähne, Rippen und Wirbelknochen von Fischsauriern entdeckt wurden. Die präparierten Relikte der Echsen, die hier einst im Urmeer jagten, sind heute im Salzburger Haus der Natur zu bestaunen.

Die Metamorphose vom Meeresboden zur Gebirgslandschaft beschreibt an elf Stationen ein Geologie-Lehrpfad. Die markanteste Stelle befindet sich bei Schautafel Nummer zehn, wo übereinanderliegende Schichten, die im Laufe von Millionen Jahren in bizarrste Formen gepresst wurden, ein wellenartiges Muster auf einer steil abfallenden Felswand geschaffen haben. Wenig Sonnenschein, hohe Luftfeuchtigkeit und gemäßigte Temperaturen zeichnen die Klamm aus. Da fühlen sich nicht nur Moose, Farne und Flechten wohl, sondern auch Wanderer an heißen Sommertagen. Im Winter wiederum kreiert die Natur bei Minusgraden prachtvolle Skulpturen aus Eis und Schnee.

Nur kurz ist der Weg zu den Trockenen Klammen mit ihren bizarren Felsklötzen. Ausdauernde Wanderer können noch weiter zum Alpengasthof Fageralm hinaufsteigen. Trittfestes Schuhwerk ist Pflicht. Man sollte für Hin- und Rückweg mindestens vier Stunden einplanen, für die man allerdings mit herrlichen Panoramablicken und einem typisch salzburgischen Wirtshaus reichlich belohnt wird.

Adresse Lohhäuslweg, A-5061 Elsbethen | **ÖPNV** Obus 7, Haltestelle Glasenbach, Fußweg circa 10 Minuten oder mit der S-Bahn, Haltestelle Elsbethen, Fußweg circa 10 Minuten | **Anfahrt** Von Salzburg über die Aigner Straße/L 105, in Elsbethen links auf Lohhäuslweg | **Tipp** Von Hinterwinkl am Ende der Glasenbachklamm sind es knapp zwei Kilometer zu den Egelseen, einem wunderschönen, stillen Moor mitten im Wald.

4 Die Bullen-Skulptur
Sturm, Drang und Innehalten

Am Fuschlsee geht es noch ruhiger zu als auf anderen Gewässern des Salzkammerguts. Nur Stand-up-Paddler, Ruder- und Tretboote verkehren auf den smaragdgrünen Fluten, dazu kommt im Sommer eine Elektrozille. Vom Umstand, dass der Ort Fuschl am See einen Weltkonzern beherbergt, der zum Inbegriff für unbändige Energie und Abenteuerlust geworden ist, bekommt man nur etwas mit, wenn man beim Brunnwirt an der Bundesstraße 158 stehen bleibt und dem Anwesen gegenüber etwas Augenmerk schenkt.

Den Kern bilden zwei kegelförmige, an Vulkane erinnernde Gebäude, eingebettet in einen künstlichen See. Ihr Design stammt vom Osttiroler Bildhauer und Architekten Jos Pirkner. Um die Jahrtausendwende erhielt er von Dietrich Mateschitz den Auftrag, die Firmenzentrale von Red Bull zu gestalten und in der Architektur auch die Dynamik der Getränkemarke widerzuspiegeln. Der Aufstieg des Energy Drinks in der silbern-blauen Dose zählt zu den größten Erfolgsgeschichten modernen Marketings. Mateschitz hob das Unternehmen 1984 mit seinen thailändischen Geschäftspartnern aus der Taufe, 2016 gingen weltweit mehr als sechs Milliarden Dosen Red Bull über die Ladentische.

Die offizielle Fertigstellung des Bullen-Hauptquartiers im Jahr 2014 markierte Pirkner mit einer Mega-Skulptur von 14 bronzenen Bullen, die mit gesenkten Köpfen über das Wasser in Richtung Betrachter stürmen. 57 Tonnen Lehm verarbeitete der auf die 90 zugehende Künstler für seine 22 Meter lange Herde, die an eine gute alte Stampede aus dem Wilden Westen erinnert. In den Vulkan-Gebäuden wird eifrig an neuen Marketing-Ideen gefeilt, um die Welt für Red Bull zu begeistern. Dazu braucht man wohl auch etwas Ruhe, und die gibt es ja in Fuschl, generell und auch am energiestrotzenden Firmensitz. Der Streifen zwischen See und Straße ist als Zengarten gestaltet und verleiht dem Ensemble auch eine Spur Gelassenheit.

Adresse Am Brunnen 1, A-5330 Fuschl am See, Tel. +43/(0)662/65820, www.jos-pirkner.at und www.redbull.com | **Öffnungszeiten** Die Skulptur kann jederzeit von der Straße aus besichtigt werden. | **Anfahrt** Die Red-Bull-Zentrale liegt direkt an der Wolfgangseestraße (B 158), in der Nähe der Ortseinfahrt beim See | **Tipp** Beim Brunnwirt gegenüber kann man vorzüglich speisen.

GRÖDIG

5 Die Kugelmühle
Marmorkugeln vom Untersberg als Exportschlager

Dass Untersberger Marmor ein wichtiger Exportartikel für Salzburg war, kann als bekannt vorausgesetzt werden. Das Untersbergmuseum in Fürstenbrunn macht aber auf einen Aspekt der Marmorgeschichte aufmerksam, der etwas in Vergessenheit geraten ist: Auch Kugeln aus Marmor waren einst ein Verkaufsschlager. Ihre Geburtsstätten waren die Kugelmühlen, die es rund um den Untersberg zu Dutzenden gab. Eine dieser Mühlen ist revitalisiert worden und macht für die Besucher das alte Gewerbe nachvollziehbar.

Der Betrieb von Kugelmühlen begann vor 300 Jahren ein lukratives Geschäft zu werden. Die Investitionen waren gering. Das Rohmaterial sammelte man in Steinbrüchen oder aus Wasserläufen. Die Mühlen erzeugten Kugeln, die in der Ära der Segelschifffahrt begehrt waren. Zum einen dienten sie als Ballast, zum anderen ließen sich damit auch Kanonen befüllen. Eine Ladung Untersberger »Schusser«, wie die kleinsten von ihnen genannt wurden, machte aus einem Segel Fetzen. Und schließlich konnte man die Murmeln auch gewinnbringend als Spielzeug verkaufen. Dokumente belegen, dass etwa im Jahr 1787 mehr als 1.000 Zentner Marmorkugeln in den Export gingen – mehr als zehn Millionen Stück. Von Bremen, London und Amsterdam aus schaukelten sie im Bauch von Segelschiffen bis in die Karibik und nach Asien.

Wie das Handwerk funktionierte, wird neben dem Museum in einer Kugelmühle vorgeführt. Zunächst bringt der Kugelmüller einen Marmorbrocken mit einem Stockhammer oder einer Säge in eine annähernd rundliche Form. Die grob bearbeiteten Steine werden in das Mahlwerk eingelegt, das durch Wasserkraft angetrieben wird. Ein bis drei Tage dauert es, bis die Brocken rund geschliffen sind. Nachbearbeitet und poliert werden sie dann zum Verkauf im Museum angeboten. Maserung und Farbenspiel machen die faustgroßen Kugeln aus Untersberger Marmor zu einem ansehnlichen Souvenir.

Adresse Untersbergmuseum, Kugelmühlweg 4, A-5082 Grödig (Fürstenbrunn), Tel. +43 (0)6246/72106, http://museum.untersberg.net | **Öffnungszeiten** Mai–Okt. Sa, So und Feiertag 13–18 Uhr; März, April, Nov., Dez. Sa, So und Feiertag 13–17 Uhr; Jan., Feb. geschlossen | **ÖPNV** Buslinie 21 ab Mirabellplatz, Endstation Fürstenbrunn Buskehre | **Anfahrt** A 10, Ausfahrt 8 (Salzburg-Süd), den Schildern Grödig Zentrum folgen, weiter über die L 237 (Glaneggerstraße/Fürstenbrunnerstraße) ans Ortsende von Fürstenbrunn, Parkplatz beim Museum | **Tipp** Der reichen Sagenwelt um den Untersberg ist ein eigener Museumsbereich gewidmet. Prachtvoll anzusehen sind die Masken der »Wilden Jagd«.

GRÖDIG

6 Die Naturbestattungsplätze

Wiesen, Bäume und eine Alm als letzte Ruhestätten

Die »Dürre Wiese« liegt am Fuß des Untersbergs, nahe dem Freilichtmuseum in Großgmain. Anders als ihr Name vermuten lässt, strotzt sie nur so von saftigen Gräsern und Blumen. Schmetterlinge schweben von Blütenkelch zu Blütenkelch. An das grüne Areal schließt sich ein lichter Mischwald an. Darauf, dass Menschen die Dürre Wiese zu ihrer letzten Ruhestätte gewählt haben, weist für den zufällig vorbeikommenden Spaziergänger nur ein Schild hin.

Im Unterschied zu Deutschland und der Schweiz sind im Bundesland Salzburg Bestattungen in der freien Natur erst seit wenigen Jahren gestattet. Vorreiter auf diesem Gebiet ist das Unternehmen paxnatura, das diese Art der Bestattung auf drei Naturflächen am Untersberg anbietet.

Die Dürre Wiese ist eine Waldlichtung und liegt sehr idyllisch. Zu Fuß am leichtesten zu erreichen ist die Kastanienwiese. Sie liegt nur wenige 100 Meter vom Firmensitz am Gutshof in Glanegg entfernt und doch so weit weg von der Straße, dass sich auch Rehe zwischen Kastanienallee und Hangwald sehen lassen. Der Blick geht hin bis zur Festung Hohensalzburg. Wem die Vorstellung zusagt, dereinst hoch am Berg begraben zu liegen, mit einem Panoramablick weit ins Bayerische hinein, der kann sich auf der Vierkaseralm seinen letzten Ruheplatz reservieren.

Bei einer Naturbestattung wird die Asche des Verstorbenen in einer biologisch abbaubaren Urne in 70 Zentimetern Tiefe beigesetzt. Die Grassoden sind bald wieder fest angewachsen. Wo sich die Stelle genau befindet, wird auf einem Lageplan festgehalten. Grabsteine, Grabkreuze oder Grabschmuck, mit Ausnahme von Blumen, sind auf den Naturbestattungsplätzen nicht erlaubt. Lediglich schlichte Plaketten auf einem Gedenkstein weisen auf die Personen hin, die hier ruhen. Vermerkt sind die Namen der Toten mit Geburts- und Sterbedatum. Die Grabpflege übernimmt die Natur entsprechend den Jahreszeiten.

Adresse paxnatura Naturbestattungs GmbH, Glanegg 2, A-5082 Grödig, Tel. +43 (0)6246/73541, www.paxnatura.at | **ÖPNV** Buslinie 21 ab Mirabellplatz, Haltestelle Glanegg Schloss | **Anfahrt** A10, Ausfahrt 8 (Salzburg-Süd), den Schildern Grödig Zentrum folgen, weiter über die Glaneggerstraße L237 nach Glanegg, Parkplatz beim Gutshof | **Tipp** Geübte Wanderer können von Glanegg aus über die Wege 417 oder 460 zum Geiereck emporsteigen. Bequemer ist allerdings die Seilbahn, die vom Grödiger Ortsteil St. Leonhard auf den Untersberg verkehrt.

GROSSGMAIN

7_Die Museumsfeldbahn
Auf schmalen Gleisen zu alten Höfen

Das Salzburger Freilichtmuseum zieht mit seinen prachtvollen Höfen und anschaulichen Vorführungen traditioneller bäuerlicher Arbeitsweisen viele Besucher an. Doch seit Kurzem wird die agrarische Leistungsschau um ein spannendes Kapitel Verkehrsgeschichte bereichert: Ein Museumszug, der mit 15 Stundenkilometern Spitze durch das weitläufige Areal zuckelt, macht die reiche Tradition der Salzburger Feldbahnen wieder lebendig.

Schmalspurige Feld-, Wald-, Industrie- oder Baustellenbahnen kamen dort zum Einsatz, wo die Beschaffenheit des Geländes oder der finanzielle Aufwand den Transport mit einem herkömmlichen Güterzug oder mit Lastwagen nicht erlaubten. Beim Torfstich in Bürmoos etwa trug der moorige Untergrund nur eine kleindimensionierte Bahn. Beim Bau der Großglockner-Hochalpenstraße in den 1930er Jahren und der Kraftwerksgruppe Glockner-Kaprun fand der Abtransport des Aushubmaterials per Feldbahn statt. Die historische Verbreitung dieser Miniatur-Züge im Land Salzburg zeigt eine Ausstellung im »Bahnhof Flachgau«, wo der Museumszug zu seiner Reise aufbricht. Was eingefleischte Fans begeistert: Das Gebäude stellt eine Rekonstruktion einer Haltestelle jener Zahnradbahn dar, die von 1887 bis 1928 auf den Salzburger Gaisberg schnaufte.

1.700 Meter umfasst das Streckennetz, das über drei Haltestellen und Wendeschleifen an den Endstationen verfügt. Lokomotiven und Waggons sind in Europa zusammengesammelt und für den Betrieb auf der Strecke (40 Promille Steigung) adaptiert worden. So kam eine Lok der Museumsbahn einst beim Bau des Eurotunnels zum Einsatz, und eine zweite wurde vom Diabaswerk in Saalfelden übernommen. Dort verkehrte bis zum Jahr 2008 die letzte Salzburger Feldbahn. Angenehmer Nebeneffekt des Museumszugs: Das nostalgische Verkehrsmittel auf 600 Millimetern Spur verkürzt die Wege zwischen den Hof-Ensembles deutlich.

Adresse Salzburger Freilichtmuseum, Hasenweg, A-5084 Großgmain, Tel. +43 (0)662/850011, www.freilichtmuseum.com | **Öffnungszeiten** Ende März–Juni Di–So 9–18 Uhr; Juli, Aug. täglich 9–18 Uhr; Sept.–Anfang Nov. Di–So 9–18 Uhr (ab Anfang Okt. nur bis 17 Uhr) | **ÖPNV** Regionalbus 180 (Richtung Bad Reichenhall) im Stundentakt von Salzburg Hautbahnhof, Haltestelle Großgmain Freilichtmuseum | **Anfahrt** via A1, Ausfahrt Salzburg-West beziehungsweise Wals/Exit 297, anschließend über B1 und L114 circa 5 Kilometer bis zum Freilichtmuseum (Beschilderung beachten) | **Tipp** Museumsbesucher mit einem Blick fürs Detail sollten die Mausefallen-Ausstellung im Anthofer-Getreidekasten (Hofensemble Lungau) in Augenschein nehmen.

GROSSGMAIN

8 Der Schmetterlingsweg

Der »butterfly effect« im Kleinen

Am Nordwestfuß des Untersbergs ist eine Schmetterlingsvielfalt zu finden, die innerhalb Europas bemerkenswert ist. 70 der 150 in Salzburg vorkommenden Tagfalter-Arten tanzen durch die Lüfte dieses von kleinen Wäldern und Wiesen charakterisierten Geländes. Um diese unter Druck geratene Artenvielfalt zu erhalten, wird im Salzburger Freilichtmuseum und in der Umgebung ein von der EU gefördertes LIFE-Natur-Projekt durchgeführt, über das der Schmetterlingserlebnisweg informiert.

Es sind vor allem Veränderungen in der Landwirtschaft, die einen »butterfly effect« in Gang gebracht haben. Durch starke Düngung sowie frühen und häufigen Schnitt der Wiesen kommen weniger Blüten zur Ausbildung. Den Schmetterlingen gehen die Nahrungsquellen aus. Auf dem Areal des Freilichtmuseums sind die Bedingungen für die sensiblen Insekten dagegen optimiert worden. Neben den so wichtigen Streuwiesen mit ihren Nektarressourcen bieten auch Lichtungen, Übergangsbereiche zwischen Feld und Wald sowie eigens geschaffene Biotope den Tieren ideale Lebensräume. Für den seltenen und prachtvoll anzusehenden Eschen-Scheckenfalter, der seine Eier nur auf Eschen ablegt, sind etwa eigens Bäume gepflanzt worden. Ein weiterer Tagfalter, der an nur eine spezielle Pflanzenart gebunden ist, ist der rare Enzian-Ameisenbläuling. Er findet hier den Lungen-Enzian vor, auf dem er seine Eier absetzen kann und der dann den Raupen als Nahrung dient.

Diese Zusammenhänge werden dem Besucher durch Schautafeln, ein Schmetterlingsquiz und einen Dokumentationsfilm nähergebracht. Von einem Beobachtungsturm kann man einen Blick in das Schmetterlingsparadies werfen. Um die grazilen Stars der Untersberger Tierwelt bei ihrem Tanz von Blütenkelch zu Blütenkelch zu erspähen, benötigt man allerdings eine Portion Glück, eventuell ein Fernglas und vor allem Geduld. Am besten sind die Chancen an sonnigen und windstillen Tagen.

Adresse Salzburger Freilichtmuseum, Hasenweg, A-5084 Großgmain, Tel. +43 (0)662/850011, www.freilichtmuseum.com | **Öffnungszeiten** Ende März–Juni Di–So 9–18 Uhr; Juli, Aug. täglich 9–18 Uhr; Sept.–Anfang Nov. Di–So 9–18 Uhr (ab Anfang Okt. nur bis 17 Uhr) | **ÖPNV** Regionalbus 180 (Richtung Bad Reichenhall) von Salzburg Hautbahnhof, Haltestelle Großgmain Freilichtmuseum | **Anfahrt** Über A 1, Ausfahrt Salzburg-West beziehungsweise Wals/Exit 297, anschließend über B 1 und L 114 circa 5 Kilometer bis zum Freilichtmuseum (Beschilderung beachten) | **Tipp** Ein Fernglas leistet bei der Schmetterlingsbeobachtung gute Dienste. Eine deftige Almjause, würzige Kasnocken und weitere regionale Spezialitäten im Gasthaus Salettl machen den Besuch im Freilichtmuseum zu einer runden Sache.

HALLEIN

9__ Das Keltenmuseum
Eine Hochkultur mit vielen Fragezeichen

Druiden-Rituale und Hexenzauber, Baumhoroskope und Kultplätze: Die Kelten sind in den vergangenen Jahren zu einer riesigen Projektionsfläche für Esoterik-Anhänger geworden. Wer jedoch mehr über die rätselhaften Volksgruppen erfahren will, findet weltweit kaum einen besseren Ort als das Keltenmuseum in Hallein. Basis der Sammlungen bilden die wertvollen Grabfunde am Dürrnberg, wo die Stämme von etwa 550 v. Chr. bis zum Vordringen der Römer ein auf dem Salzabbau basierendes, weit nach Mitteleuropa ausstrahlendes wirtschaftspolitisches Zentrum unterhielten.

Der Handel mit dem »weißen Gold« machte die Salzherren vom Dürrnberg wohlhabend und hatte einen beispiellosen kulturellen Aufschwung zur Folge. Die außergewöhnlichen Fähigkeiten der keltischen Handwerker dokumentieren etwa die weltberühmte Schnabelkanne aus der Latènezeit (5.–1. Jahrhundert. v. Chr.), die seit Kurzem wieder im Original im Keltenmuseum zu bewundern ist, und ein rekonstruiertes Streitwagengespann. Doch genauso faszinierend ist der Blick aufs Detail. Aus dem Salzbergwerk geborgene Gewebereste mit einer Dichte von 32 Fäden pro Quadratzentimeter und einer Fadendicke von 0,1 Millimeter belegen eine ausgereifte Webkunst. Die Kelten beherrschten verschiedene Verfahren zum Färben von Stoffen und entwickelten wasserabweisende Hüte aus Birkenrinde.

Außerordentlich ist auch der Formenreichtum an Fibeln. Einem von 1.300 gefundenen Stücken verdankt sich der Hinweis, dass die Kelten Schnabelschuhe trugen. Zu den Grabfunden zählen auch Schmuckgegenstände wie etwa farbige und raffiniert verzierte Armreifen aus Glas, von denen man heute noch nicht im Detail weiß, wie sie hergestellt wurden. Dass die Kelten großen Wert auf Körperpflege legten, bezeugt ein Fund von Toilettenbestecken. Auch für das Leben im Jenseits statteten sie ihre Toten mit Pinzetten, Nagelschneidern und Ohrlöffelchen aus.

Adresse Pflegerplatz 5, A-5400 Hallein, Tel. +43 (0)6245/80783, www.keltenmuseum.at und www.kelten.co.at | **Öffnungszeiten** täglich 9–17 Uhr | **ÖPNV** S 3 nach Hallein, 10 Minuten Fußweg Richtung Salzach, über die Brücke, rechts abbiegen in die Kuffergasse | **Anfahrt** A 10, Ausfahrt 16-Hallein, den Beschilderungen Richtung Zentrum folgen; Alternative: über die Aigner Straße/L 105 nach Hallein | **Tipp** Im originalgetreu rekonstruierten Keltendorf am Dürrnberg (beim Salzbergwerk) lassen sich die Eindrücke weiter vertiefen. Im Sommer wird ein attraktives Mitmachprogramm geboten.

HALLEIN

10__Der Predigtstuhl

Wo Protestanten heimlich Andacht hielten

Ein moosbedeckter Felsen mitten im Wald ist üblicherweise kein Ort, an dem Geschichte geschrieben wird. Anders im Abtswald am Halleiner Dürrnberg, wo mit dem »Predigtstuhl« ein wichtiges Denkmal der Salzburger Religionsgeschichte zu finden ist. Vor mehr als 300 Jahren hielt ein evangelischer Aktivist namens Joseph Schaitberger an diesem erhöhten Punkt Andachtsstunden für die Knappen vom Dürrnberg ab. Dass diese insgeheim Protestanten waren, wusste die erzkatholische Führung Salzburgs wohl.

Bis dahin hatte man diesen Umstand aber toleriert, weil die Bergleute des Landes eine wirtschaftliche Schlüsselrolle innehatten. Doch die Predigten unter freiem Himmel schienen das Fass zum Überlaufen zu bringen. Als alle Aufforderungen zum Widerruf fruchtlos blieben, verwiesen die katholischen Behörden Schaitberger 1686 des Landes und verstärkten den Druck auf die Protestanten. Als sie bei den Knappen auf Granit bissen, ergingen erste Ausweisungsbefehle. Mit dem Amtsantritt von Erzbischof Firmian setzten sich die Scharfmacher in Salzburg endgültig durch. Im Jahr 1730 verfügte der Landesherr, all jene, die sich nicht explizit zum katholischen Glauben bekehren wollten, umgehend auszuweisen.

20.000 Menschen, ein Fünftel der Bevölkerung, verlor Salzburg durch den darauffolgenden Protestanten-Exodus. Am Dürrnberg hatten sich die Knappen mit ihrem Schicksal abgefunden. Beflügelt durch die Aussicht auf Religionsfreiheit fiel ihnen der Abschied nicht allzu schwer.

780 Personen sollen es gewesen sein, die im Jahr 1732 ihre Häuser räumten und hinab nach Hallein zogen. Dort bestiegen sie Boote, die sie nach Regensburg brachten. »Ganz fridlich und beschaiden« soll dies über die Bühne gegangen sein, hieß es in einer Chronik. In Preußen, den Niederlanden und im US-Bundesstaat Georgia fanden die Vertriebenen eine neue Heimat. Für Salzburg brachte ihr Exodus einen wirtschaftlichen Niedergang mit sich.

Adresse Abtswald, Protestantenweg, A-5422 Hallein (Bad Dürrnberg) | **Anfahrt** A 10, Ausfahrt 16-Hallein, Beschilderungen Richtung Zentrum folgen; via B 159 und Dürrnberg-Landesstraße bis zum Zinkenlift (auch Postbus), weiter über den Raspenhöhenweg zum Schranken Abtswald-Forstweg; der Predigtstuhl ist in gut 25 Minuten zu erreichen | **Tipp** Vom Predigtstuhl gelangt man in einer kurzen Wanderung auf die Truckenthannalm, wunderschöne Naturerlebnisse inklusive.

HALLEIN

11 Die Staatsgrenze im Bergwerl

Tief nach Bayern wühlten sich die Knappen

»Staatsgrenze Republik Österreich – Bundesrepublik Deutschland« steht auf dem Schild tief im Inneren des Schaubergwerks zu lesen. Mit Bergmannsrutschen und Klaustrophobie-Anfällen rechnet der Besucher jederzeit, wenn er in die Salzwelten Hallein einfährt. Aber mit einer Grenzmarkierung 80 Meter unter der Erdoberfläche? Haben sich die Salzburger Knappen denn unerlaubterweise ins Bayerische hinübergegraben und Salz geklaut?

Die Antwort hängt mit einem historischen Deal nach dem Prinzip »Salz gegen Holz« zusammen. Von Ersterem hatten im Mittelalter die unter Kontrolle der Salzburger Erzbischöfe stehenden Dürrnberger Knappen zu wenig, von Letzterem ihre Konkurrenten der Saline Reichenhall, die zur Fürstpropstei Berchtesgaden und später zu Bayern gehörte.

So vereinbarten im Jahr 1217 die damaligen Landesherren einen Abtausch: Die Salzburger bekamen das Recht eingeräumt, unterirdisch die Salzlagerstätten jenseits der Grenze anzuzapfen, während den Rivalen das Recht zugestanden wurde, auf »immerwährende Zeiten« im Salzburger Pinzgau Holz zum Betreiben der Reichenhaller Sudhäuser zu schlagen. Ein Kuriosum war geboren, das trotz aller nachbarschaftlichen Animositäten zwischen Bayern und Salzburg Bestand hatte und zuletzt 1957 noch einmal bekräftigt wurde. Heute stellt die Salinenkonvention den ältesten noch gültigen Staatsvertrag in Europa dar. Seit dem Ende des Salzabbaus am Dürrnberg im Jahr 1989 sind vornehmlich Bergwerksbesucher im kleinen deutsch-österreichischen Grenzverkehr unterwegs. Zum Einsatz kommt dabei die ganze Palette der bergmännischen Beförderungsmittel von der Stollenbahn bis zur Bergmannsrutsche. Höhepunkt ist die unterirdische Floßfahrt über einen effektvoll ausgeleuchteten Salzsee. Zurück ans Tageslicht kommt man wieder im Salzburgischen. Pass benötigt man für den Trip auf den Spuren des »Weißen Goldes« keinen.

Adresse Salzwelten Hallein, Ramsaustraße 3, A-5422 Hallein (Bad Dürrnberg), Tel. +43 (0)6132/ 2008511, www.salzwelten.at | **Öffnungszeiten** Ende März–Anfang Nov. 9–17 Uhr, Anfang Nov.–Anfang Jan. und Ende Jan.–Ende März 10–15 Uhr | **ÖPNV** Vom Bahnhof Hallein (S 3 ab Salzburg) verkehrt stündlich ein Postbus zum Salzbergwerk in Bad Dürrnberg. | **Anfahrt** A 10, Ausfahrt 16-Hallein, Beschilderungen Richtung Zentrum folgen; weiter via B 159 und Dürrnberg-Landesstraße | **Tipp** Warme Kleidung nicht vergessen! Barockes Flair verströmt die oberhalb der Salzwelten gelegene, um 1600 errichtete Wallfahrtskirche Mariae Himmelfahrt.

HALLEIN

12 Das Stille Nacht Museum

Die vielleicht bedeutendste Gitarre der Musikgeschichte

Welche ist die bedeutendste Gitarre der Musikgeschichte? Jenes Elektrobiest, das Jimi Hendrix am 31. März 1967 im Londoner Astoria Theatre mit Feuerzeugbenzin in Brand setzte und damit die Weltöffentlichkeit schockte? Jene, die Pete Townshend bei einem der ersten »The Who«-Gigs im Jahr 1964 unabsichtlich zerstörte, was ihn so auf den Geschmack brachte, dass er von nun an das Gitarren-Zertrümmern zur Kunstform entwickelte? Jene, zu der Elvis Presley seinen Hüftschwung perfektionierte? Oder vielleicht jenes unscheinbare Instrument, das im Stille Nacht Museum in Hallein in einer Glasvitrine ausgestellt ist?

Müde sieht es aus. Saiten und Wirbel sind nicht mehr original, manche Intarsien ausgebrochen. Dies ist jene Gitarre, auf der Joseph Mohr nach der Christmette am Weihnachtsabend 1818 erstmals sein Gedicht »Stille Nacht, heilige Nacht« zu der Melodie des Komponisten Franz Xaver Gruber in der Nikolaus-Kirche in Oberndorf anstimmte – weil die Orgel ihren Geist aufgegeben hatte. Die Gitarre galt damals als Instrument des Volkes. Ihm fühlte sich auch der junge Priester Mohr verbunden, der selbst nicht viel mehr besaß als die Kleider auf dem Leib – und die Gitarre.

Nach seinem Tod 1848 wurde sie versteigert und kam auf verschlungenen Wegen 1911 zum Enkel von Franz Xaver Gruber, der mit seiner Sammlung den Grundstock für das Halleiner Stille Nacht Museum in den ehemaligen Wohnräumen des Mohr-Partners legen sollte. Originalmöbel, Schreibzeug, eine Taschenuhr und weitere kleine Gegenstände aus dem Besitz des Komponisten sind dort zu sehen. Dokumente zeichnen die Entstehung und Verbreitung des Liedes nach. Der Star des Museums ist aber eindeutig die Gitarre. Hendrix, The Who und Elvis mögen Millionen Tonträger verkauft haben; doch was ist das gegen einen Song, den geschätzte zwei Milliarden Menschen zu Weihnachten anstimmen und der in 300 Sprachen und Dialekte übersetzt worden ist? Eben!

Adresse Gruberplatz 1, A-5400 Hallein, Tel. +43 (0)6245/85394 (Tourismusverband Hallein), www.stillenachthallein.at | **Öffnungszeiten** Fr–So und Feiertage 15–18 Uhr, Juli, Aug. täglich 15–18 Uhr, Advent–6. Januar täglich 12–18 Uhr | **ÖPNV** Vom Bahnhof über die Salzach in die Altstadt, circa 15 Minuten zu Fuß | **Anfahrt** A10, Ausfahrt 16-Hallein, Beschilderungen Richtung Zentrum folgen; Alternative: über die Aigner Straße/L105 nach Hallein | **Tipp** Die Altstadt Halleins ist ein Schmuckstück und erinnert an vielen Ecken an die Tradition des Salzabbaus.

HENNDORF

13__Das Gut Aiderbichl

Wo Tiere das Leben lieben

Wer Gut Aiderbichl besucht, wundert sich bald nicht mehr über ungewöhnliche Begegnungen. Da ein Pfau, der ein Rad schlägt, dort ein Esel, der die Besucher begrüßt. Ponys und Mulis tummeln sich auf dem Gelände des ungewöhnlichen Hofs bei Henndorf am Wallersee. Sogar Lamas haben hier ihren Auftritt. Tieren, die viel mitgemacht haben, ein unbeschwertes Dasein bis zu ihrem natürlichen Tod zu bieten – das schwebte dem Gründer Michael Aufhauser vor, als er das Gut im Jahr 2001 eröffnete. Längst hat sich Gut Aiderbichl zu einer Institution entwickelt. Mit der Sensibilisierung der Öffentlichkeit kamen Spenden und Fürsprecher wie Uschi Glas und Thomas Gottschalk. Mittlerweile erfreuen sich etwa 3.800 Tiere auf rund 20 Gütern und Höfen unter dem Dach von Gut Aiderbichl eines würdigen Daseins.

Das »Ur«-Gut Aiderbichl ist ein Hort vieler berührender Tier-Schicksale. Das Kalb Lilli kam in der Schweiz mit sechs Beinen zur Welt. Gut Aiderbichl organisierte eine Operation, Lilli genießt seither ein sorgenfreies Leben auf den Hügeln über dem Wallersee. Ebenso wie Pinot Grigio, der ein erfolgreiches Dressurpferd war, bis ein Herzfehler seine sportliche Karriere beendete. Oder der kleinwüchsige Stier, der den Namen Lilliput bekam. Weil ihn seine Artgenossen mobbten, steckte man ihn zu ein paar friedlich gesinnten Kühen, die nicht mehr trächtig werden konnten – so glaubte man. Eines Tages aber trabte die Kuh Sylvia schwanger über die Weide. Wie beiden das »Kunststück der Zeugung« von Amarillo gelang, darüber rätselt man noch heute.

Im Aiderbichl-Ableger im bayerischen Deggendorf lebt die berühmte Kuh Yvonne, die 2011 nach ihrer wochenlangen Flucht vor der Schlachtbank zum Darling der Boulevard-Presse aufstieg. Im Jahr 2012 wurde sie als Orakel für die Fußball-EM vor die TV-Kameras gebeten, entpuppte sich aber als wenig treffsicher. Vermutlich, weil sie zu entspannt war.

Adresse Berg 20, A-5302 Henndorf am Wallersee, Tel. +43 (0)662/625395113, www.gut-aiderbichl.com | **Öffnungszeiten** täglich 9–18 Uhr | **ÖPNV** Postbuslinie 130 ab Salzburg Hauptbahnhof, Haltestelle Gersbach, mit Shuttle-Dienst weiter zum Gut | **Anfahrt** A1 Richtung Linz/Wien, bei Ausfahrt 281-Wallersee Richtung B1/Eugendorf fahren und der B1 bis Ausfahrt Wiener Straße folgen, rechts abbiegen auf Henndorfer Landesstraße/L241, dann den Beschilderungen Gut Aiderbichl folgen | **Tipp** Zwei schöne Ausflugsziele in der Umgebung sind die etwa zwei Kilometer nordöstlich gelegene Burgruine Lichtentann und, etwas mühsamer zu erreichen, die Große Plaike mit ihren herrlichen Panoramablicken.

HENNDORF

14 __ Die Wiesmühle
Das Paradies für den Literaten Carl Zuckmayer

Rosig durchwachsener Bauernspeck, ein Doppelstamperl mit klarem Obstler, ein kühles Bier im zinnbedeckten Seidl, ein Stück Mondseer Käs – so pflegte sich der deutsche Schriftsteller Carl Zuckmayer (1896–1977) im Caspar-Moser-Bräu zu Henndorf nach verrichtetem literarischem Tagwerk oder einer Wanderung auf den Zifanken gern zu belohnen.

Der Autor von so erfolgreichen Werken wie »Der Hauptmann von Köpenick« war die Schlüsselfigur eines Literatenzirkels, der in der Zwischenkriegszeit am Wallersee sein Paradies gefunden hatte – so beschrieb es Zuckmayer in seiner »Henndorfer Pastorale« und in seiner Autobiografie »Als wär's ein Stück von mir«. 1938, als die Nazis auch in Österreich die Macht übernahmen, musste Zuckmayer aus seiner Wahlheimat fliehen.

Es lohnt sich, dem Genius Loci dieser in sich ruhenden Landschaft mit ihren Hügeln, Wäldern und sanft ansteigenden Feldern nachzuspüren, die nicht nur Carl Zuckmayer literarisch inspirierte. Erich Maria Remarque und Marlene Dietrich kamen zu Besuch. Ödön von Horváth verfasste im Caspar-Moser-Bräu, wo er im sogenannten Geisterzimmer residierte, Teile seines Romans »Jugend ohne Gott«. Ausgestattet mit der vom Gemeindeamt aufgelegten Broschüre »Literarischer Spaziergang« lassen sich die wichtigsten Schauplätze am Wallersee erkunden, zu Fuß oder per Rad.

Nur im Rahmen von Führungen können Literaturinteressierte auch die in Privatbesitz stehende Wiesmühle besichtigen, die Zuckmayer 1926 erwarb und die ihm zum Paradies im engeren Sinn wurde. Zu sehen ist unter anderem der imposante Kachelofen, den ihm Stefan Zweig spendierte. Auf der Gartenbank pflegte Zuckmayer seine Ideen zu Papier zu bringen.

Wer länger bleiben möchte, kann sich im Jagdhaus, das zur Wiesmühle gehört, einmieten. Die »Original Zuckmayer-Jause« wird heutzutage im Gasthaus Stelzhamer Stube kredenzt.

Adresse Carl Zuckmayerweg 23, A-5302 Henndorf, Tel. +43 (0)6214/8303, www.wiesmuehl.at, Übernachtungsmöglichkeit im Jagdhaus nebenan | **Öffnungszeiten** nur im Rahmen von Führungen, Anmeldung unter literaturhaus-henndorf@sbg.at | **ÖPNV** Postbuslinie 130 ab Salzburg Hauptbahnhof, Haltestelle Henndorf/Gemeindeamt | **Anfahrt** Über die A1 Richtung Linz/Wien, bei Ausfahrt 281-Wallersee Richtung B1/Eugendorf fahren und der Bundesstraße bis ins Zentrum von Henndorf folgen, nach dem Gemeindeamt links in den Carl Zuckmayerweg einbiegen | **Tipp** Das im Dezember 2012 eröffnete Literaturhaus unterhalb der Pfarrkirche stellt das Werk Zuckmayers und weniger bekannter Autoren mit Henndorf-Bezug vor.

HOF BEI SALZBURG

15— Das Brauhaus Gusswerk

Bio sei das Bier und bunt

Mit einem Schluck vom »Austrian Amber Ale« startet die Erlebnis-führung im Brauhaus Gusswerk, einer von Österreichs feinsten Adressen in Sachen Bierkultur. Braumeister Reinhold Barta erzeugt ausschließlich Bio-Biere, sein kleiner Betrieb in Hof bei Salzburg ist weltweit eine von zwei demeterzertifizierten Brauereien überhaupt. Gebraut wird nach alten, naturbelassenen Verfahren. Nur so bleiben die wertvollen Vitamine, Mineralien und Spurenelemente des Gers-tensaftes erhalten, erfährt man. Unterwegs wird das Kostglas an ei-nem der silbernen Lagertanks aufgefüllt. Was man erhält? Was ge-rade trinkfertig ist! Während andernorts das Bier binnen weniger Tage zur Abfüllung kommt, wird den Erzeugnissen des Brauhaus Gusswerk etwa vier Wochen Zeit gelassen, um ihren vollen Ge-schmack zu entfalten.

Verblüffend die Sortenvielfalt: Von A wie Ale bis Z wie Zwickl erstreckt sich das Universum des unverfälschten Biergeschmacks. Neben den 21 ständigen Sorten gibt es saisonale Spezialitäten, etwa das leichte Sommerbier »Citra Beach«. Eine der verblüffendsten Kreationen, »Cerevinum«, entpuppt sich als fruchtiger Wein-Bier-Hybrid. Mit pfiffigen Namen und Etiketten werden die Gusswerk-Erzeugnisse vermarktet. »Green Betty« ist ein dunkles Bier, das mit Kräutern aus den Alpen von Wermut bis Mädesüß verfeinert wur-de. Das »Schwarze Schaf« steht in der Tradition irischer Stout-Bie-re. Pionierarbeit hat Barta mit der Entwicklung von Österreichs ers-tem glutenfreien Bier in Bio-Qualität geleistet. Der Name: »Zum Wohl«.

All diese Informationen kann man im angeschlossenen Bierpub verarbeiten, das sich hell und freundlich präsentiert. Burger, Fladen und Schmankerl aus biologischer Produktion werden gereicht, das Auge schweift über die zahlreichen Auszeichnungen, die das Brau-haus Gusswerk eingeheimst hat. Man hat nun die Qual der Wahl, womit man die Geschmackspapillen weiter verwöhnt.

Adresse Römerstraße 3, A-5322 Hof bei Salzburg, Tel. +43 (0)6229/39777, www.brauhaus-gusswerk.at | **Öffnungszeiten** Pub Di–Do ab 16 Uhr, Fr und Sa ab 13 Uhr, Führungen jeden Do 17 Uhr (keine Anmeldung notwendig) oder auf Anfrage ab 10 Personen | **ÖPNV** Bus 150 oder 155 ab Salzburg Hbf oder Mirabellplatz nach Hof Elsenwang, beim Kreisverkehr links und circa 600 Meter ans Ende des Gewerbegebietes gehen, das Ziel befindet sich links | **Anfahrt** auf B 158 Richtung Fuschlsee, dann wie oben | **Tipp** Besuchen Sie den wenige Kilometer östlich gelegenen Fuschlsee mit seinen schönen Strandbädern.

MATTSEE

16___ Der fahr(T)raum
Ferdinand Porsches frühe Geniestreiche

Zu den Pilgerstätten für Liebhaber des Automobils zählen etwa das Henry-Ford-Museum in Detroit, das Ferrari-Museum in Modena oder das Porsche-Museum in Stuttgart. Seit Kurzem findet sich auf der Liste auch Mattsee wieder. In der Gemeinde nördlich von Salzburg stellt Ingenieur Ernst Piëch Unikate und Raritäten zur Schau, die sein Großvater, der geniale Automobil-Konstrukteur Ferdinand Porsche (1875–1951), in den ersten Dekaden des 20. Jahrhunderts vor allem für Austro-Daimler entworfen und gebaut hat.

Einige der ältesten Karossen in der Erlebniswelt fahr(T)raum stammen aus einer Ära, als die Fortbewegung im Auto noch ein Privileg der Oberschicht war. Extra für Franz Joseph I. produziert wurde 1911 der »Kaiserwagen«. Das Dach wurde so hoch gesetzt, dass der Monarch aufrecht einsteigen konnte. Dazu hatte der Wagen bereits vier Aschenbecher und weitere Features für komfortable Stadt- und Überlandreisen.

Was die Vermittlung angeht, ist Ferdinand-Porsche-Erlebniswelt klar auf der Überholspur. Grafiken, Videos, Animationen und interaktive Elemente erschließen auch dem Laien technische Zusammenhänge. Und in einem High-Tech-Simulator kann man den als Rennauto konzipierten Austro-Daimler »Prinz Heinrich« zu bändigen versuchen, der 1910 mit 172 Stundenkilometern einen sagenhaften Geschwindigkeitsrekord aufstellte.

Technik zum Anfassen von der Kutsche bis zum Volkswagen lautet das Motto, auch Porsches Beitrag zur Entwicklung der Traktoren wird ausführlich dokumentiert. Viele der fahr(T)raum-Exponate sind mit besonderen Geschichten verbunden. Den »Australier« hatte es um 1910 an das andere Ende der Welt verschlagen, der »Argentinier« diente einst als Polizeiwagen. Heimgeholt und perfekt restauriert verströmen sie heute wieder den Glanz ihrer Entstehungszeit. Und zum krönenden Abschluss kann man sich im Oldtimer aus den 1920er Jahren stilvoll um den Mattsee kutschieren lassen.

40

Adresse Passauer Straße 30, A-5163 Mattsee, Tel. +43 (0)6217/59232, www.fahrtraum.at | Öffnungszeiten täglich 10–17 Uhr | Anfahrt von der Autobahn A1 die Abfahrt Salzburg-Nord in Richtung Mattsee nehmen, auf der Mattseer Landesstraße 101 (L 101) an der Einfahrt Mattsee-Nord in die Passauer Straße einbiegen, das Ziel ist ausgeschildert | Tipp Erkunden Sie Mattsee und Obertrumer See auf einem Schiffsausflug mit der »Seenland«.

OBERNDORF

17__Der Leopold-Kohr-Hof
Für eine Rückkehr zum menschlichen Maß

»Small is beautiful« – jeder kennt diesen Slogan, in unterschied-lichsten Zusammenhängen wird er verwendet. Auf wen er zurück-geht, wissen allerdings nur wenige. Die Spur führt nach Oberndorf bei Salzburg. Hier wird im Außenbereich des neuen Stille-Nacht-Museums eines Mannes gedacht, der das Lob der Kleinheit als Prin-zip erwählte und dies theoretisch mit vielen Beispielen und Werken unterfütterte. Sein Name: Leopold Kohr.

Der gebürtige Oberndorfer (1909 – 1994) führte ein Leben, das Stoff für zehn abgäbe: Reporter im Spanischen Bürgerkrieg, Wider-standskämpfer gegen den Nationalsozialismus, Goldgräber in Kana-da, Berater des karibischen Inselstaates Anguilla, Professor für Na-tionalökonomie in Mexiko, Puerto Rico und Wales – und das sind nur die interessantesten Stationen, die auf den Info-Stelen im Leo-pold-Kohr-Hof nachzulesen sind!

Spannend ist auch der rote Faden, der sich durch sein Werk zieht. Kohr trat schon vor über 50 Jahren gegen aufgeblähte Strukturen in Politik und Wirtschaft auf, die für ihn in letzter Konsequenz ver-antwortlich für Armut und Demokratieabbau waren. Multis und Großbanken nahm er ebenso ins Visier wie den europäischen »Zen-tralismus«, er plädierte für den Vorrang kleiner, in Regionen veran-kerter Strukturen. Sein Plädoyer für ein »menschliches Maß« klei-dete er in jenen Slogan, der in großen Lettern die Wand des Leopold-Kohr-Hofs ziert: »Small is beautiful«.

Mit seinem Gedankengut inspirierte der Querdenker Umwelt- und Bürgerrechtsbewegungen rund um den Globus. 1983 erhielt er den Alternativen Nobelpreis, den »Right Livelihood Award«. Die Leopold-Kohr-Akademie im Oberpinzgau und ein Forschungszen-trum an der Universität Salzburg versuchen Kohrs Plädoyer vom »menschlichen Maß« Gehör zu verschaffen. Dass seine Thesen ak-tueller denn je sind, liegt auf der Hand. Kohr liegt am Friedhof sei-nes Geburtsortes Oberndorf begraben.

„Small is beautiful."

Adresse Stille-Nacht-Platz 5, A-5110 Oberndorf bei Salzburg, Tel. +43 (0)6272/21660 | **Öffnungszeiten** Do–So und Feiertage 10–18 Uhr, Juli, Aug. sowie Advent–6. Januar täglich 10–18 Uhr | **ÖPNV** mit der Salzburger Lokalbahn von Salzburg Hbf bis Oberndorf, 15 Minuten Fußweg | **Anfahrt** von Salzburg über die B 156 Richtung Norden, 3 Kilometer vor Oberndorf links abbiegen auf B 156a, in Richtung Zentrum fahren und den Beschilderungen in den Stille-Nacht-Bezirk folgen | **Tipp** Gehen Sie zur Salzach empor – an der Leopold-Kohr-Promenade ist auch ein Denkmal des Philosophen zu finden.

OBERNDORF/LAUFEN

18__ Die Salzachbrücke

Jugendstilvoll die Grenze überqueren

Die Epoche des Jugendstils steht in der Kunstgeschichte für Aufbruch und Dynamik – und sie ist das Markenzeichen der Brücke, die sich seit 1903 zwischen Oberndorf und Laufen erstreckt. Dynamik im Brückenbau war anno dazumal ein Gebot der Stunde, hatten doch verheerende Hochwässer die Holzbrücke an der flussabwärts gelegenen Salzachschleife bereits mehrfach zerstört. Ein neues Bauwerk musste her, stark genug, um den Kapriolen der Natur zu trotzen. Angegangen wurde die Aufgabe etwas stromaufwärts in einer Gemeinschaftsaktion zwischen der k.u.k-Monarchie und dem Königreich Bayern.

Pfeiler aus Stampfbeton wuchsen am Ufer und aus dem Strom empor, darauf setzten die Ingenieure eine eiserne Trägerkonstruktion, die sich mit großer Eleganz über die Salzach schwingt und die eine kunstvolle Gestaltung erfuhr. Die Pfeiler tragen je zwei Pylone, die sich über dem Betrachter zu Triumphbögen verbinden. Blattvergoldete Nachbildungen der österreichischen und der bayerischen Krone und Kartuschen mit den jeweiligen historischen Staatswappen blicken auf die Verkehrsteilnehmer herab. Flankiert werden die Insignien der einstigen Machthaber von Adlern, die angriffslustig auf den Fluss spähen.

In vergoldeten Lettern sind auf den Bogenansätzen die Monogramme der jeweiligen Herrscher angebracht – »FJ I.« für Franz Joseph von Österreich und »L« für Ludwig von Bayern. Pittoreske Triton-Masken begleiten die Brückenüberquerung, kugelförmige Lampen aus dem Jugendstil-Baukasten sorgen für die Beleuchtung. Bis heute ist das 165 Meter lange Bauwerk die einzige Autobrücke im Umkreis von mehr als einem Dutzend Kilometern für den salzburgisch-bayrischen Grenzverkehr. Für Fußgänger ist nicht allzu viel Platz. Aber das soll niemanden hindern, die schönen Details genau zu studieren. Seit einer Restaurierung von Kopf bis Fuß vor ein paar Jahren kommen sie wieder jugendstilvoll zur Geltung.

Adresse zwischen Oberndorf und Laufen | **Öffnungszeiten** Die Brücke ist frei zu besichtigen. | **ÖPNV** mit der Salzburger Lokalbahn von Salzburg Hbf bis Oberndorf, zu Fuß an die Salzach | **Anfahrt** von Salzburg über die B 156 Richtung Norden, 3 Kilometer vor Oberndorf links abbiegen auf B156a, in Richtung Zentrum fahren | **Tipp** Ein Rundweg (circa zwei bis drei Stunden) verbindet die interessantesten Attraktionen von Oberndorf und Laufen.

OBERNDORF

19__Die Stille-Nacht-Kapelle
Gedenkstätte mit einem schaurigen Geheimnis

Oberndorf bei Salzburg ist als jene Stadt bekannt, in der das Weihnachtslied »Stille Nacht, heilige Nacht« am 24. Dezember 1818 erstmals gesungen wurde. Von Hilfspfarrer Joseph Mohr und dem Organisten Franz Xaver Gruber. An den Ort der Uraufführung, die Nikolaus-Kirche, die um 1900 abgerissen wurde, erinnert heute im Stille-Nacht-Bezirk eine kleine Kapelle. Das Innere ist schlicht. Porträts der Liedschöpfer zieren die schönen Glasfenster. Von den Zehntausenden Besuchern wissen nur wenige, dass der Altar der Kapelle ein makabres Geheimnis birgt: den eingemauerten Schädel von Joseph Mohr.

Und das kam so: Um 1910 gedieh an Mohrs letzter priesterlicher Wirkungsstätte in Wagrain der Plan, den Textdichter mit einem Denkmal zu ehren. Doch es gab ein Problem. Von Mohr, der 1848 arm wie eine Kirchenmaus gestorben war, gab es kein einziges Bildnis. An sein Aussehen erinnerte sich niemand mehr. So drang der beauftragte Bildhauer und Pfarrer Joseph Mühlbacher auf eine Exhumierung. Nach langem Suchen wurde man auf dem Wagrainer Friedhof fündig, worauf der Bildhauer für sein Relief die Züge Joseph Mohrs dem Schädel »nachempfand« – sprich ein Phantasiebild anfertigte. Doch die Wagrainer hatten kein Geld, um das Kunstwerk anzukaufen.

Erst 1928 wurde es in einer erweiterten Form – nämlich als Mohr-Gruber-Plastik – vollendet und an einem anderen Standort – in Oberndorf – aufgestellt. Dorthin hatte es auch den Schädel verschlagen, und nun wurde offenbar die Idee geboren, diesen als eine Art Reliquie in die anstelle der abgerissenen Barockkirche errichtete Stille-Nacht-Kapelle (vollendet 1936) einzumauern. Die's gemacht haben, schwiegen, der Schriftverkehr darüber ist nicht mehr auffindbar, die Wagrainer ließ man ins Leere laufen, aber aller Wahrscheinlichkeit nach hat der Schädel dort seine letzte Ruhestätte gefunden, wo das Lied erstmals erklungen war.

Adresse Stille-Nacht-Platz, A-5110 Oberndorf bei Salzburg, www.stillenacht-oberndorf.com | **Öffnungszeiten** täglich 8–18 Uhr | **ÖPNV** mit der Salzburger Lokalbahn von Salzburg Hbf bis Oberndorf, 15 Minuten Fußweg | **Anfahrt** von Salzburg über die B 156 Richtung Norden, 3 Kilometer vor Oberndorf links abbiegen auf B 156a, in Richtung Zentrum fahren und den Beschilderungen in den Stille-Nacht-Bezirk folgen | **Tipp** Werfen Sie einen Blick in das 2016 völlig neu gestaltete Stille-Nacht-Museum – inklusive »Stille Nacht«-Karaoke-Singen.

OBERTRUM

20__Das BierKulturHaus

Viel Neues um Hopfen und Malz

Ist's Einbildung oder nicht? Das Bier, das man im BierKulturHaus in einem bauchigen Glas serviert bekommt, schmeckt würzig, leicht nach Honig und im Abgang eine Spur nach … Wald-Aromen? Wenn Axel Kiesbye am Kessel seiner Kreativbrauerei experimentiert hat, ist das sicher keine Einbildung.

In Obertrum nördlich von Salzburg arbeitet der aus Dortmund stammende Braumeister unermüdlich daran, dem 6.000 Jahre alten Kulturgetränk Bier zu größerer Beachtung zu verhelfen. Sein besonderes Interesse gilt vermeintlich »exotischen«, in Wahrheit aber lange vergessenen Zutaten mit dem Potenzial, der traditionellen Geschmackspalette des Biers neue Facetten abzugewinnen. Für sein »Waldbier« braute Kiesbye beispielsweise die jungen Triebe von Tannenzweigen ein. Für die Edition 2016 hat er sich auf die Aromen von Wacholderzweigen und -beeren verlassen.

Untergebracht ist die Begegnungsstätte für Bierliebhaber im Untergeschoss eines traditionellen Braugasthofs. Dort können bieraffine Gruppen auf einer historischen, auf Handarbeit ausgelegten Anlage unter Anleitung eines Braumeisters ihr eigenes Bier produzieren. Stärkere oder leichte Versionen, solche mit Cassis-Noten und Kräutern oder eher traditionellere. Sechs bis acht Wochen später hat das Individual-Bräu Trinkreife erlangt.

In Kochkursen und Kulinarien wird vermittelt, zu welchen Speisen – abseits von Schweinsbraten und Brettljause – welches Bier am besten schmeckt. Als erste Anlaufstelle im Haus präsentiert sich die Bierothek, wo Spezialitäten wie das Waldbier, belgische Fruchtbiere oder Starkbiere aus Schottland zum Verkauf und zur Verkostung bereitstehen. Dafür steht das von Kiesbye entwickelte Degustationsglas bereit. Auch der Keller mit seinen wertvollen Jahrgangsbieren ist einen Blick wert. Und wer noch nicht genug hat, kann sich zum Diplom-Biersommelier ausbilden lassen und zum »Botschafter« des Kulturgetränks werden.

Adresse Dorfplatz 1, A-5162 Obertrum am See, Tel. +43 (0)676/4777168, www.bierkulturhaus.com | Öffnungszeiten auf Anfrage | ÖPNV Regionalbus 120 ab Salzburg Hauptbahnhof, Haltestelle Ortsmitte | Anfahrt Von Salzburg über B 150 und B 156 nach Norden und über die Mattseer Landstraße / L 101 nach Obertrum, in Richtung Ortszentrum fahren, Parkplatz beim Braugasthof Sigl | Tipp In höchstem Maß zu empfehlen sind auch die Führungen in der Trumer Privatbrauerei schräg gegenüber. Zum Abschluss genießt man zu einem Glas frisch gezapftem Pils den Panoramablick über das Trumer Seenland.

PLAINFELD

21 Der Salzburgring

Der Circus Maximus für draufgängerische PS-Ritter

Östlich von Salzburg liegt zwischen den Gemeinden Koppl, Plainfeld und Hof der 1969 eröffnete Salzburgring. Er sollte die Glitzerwelt der Formel 1 hierherbringen. Dieser Traum erfüllte sich nicht. Trotzdem stiegen etliche Formel-1-Idole auf dem Salzburgring bei einem Formel-2-Rennen ins Cockpit. Legenden wie Graham Hill und Emerson Fittipaldi zählen ebenso dazu wie Rennsport-Ikone Jochen Rindt, der hier sein letztes Rennen bestritt, bevor er sechs Tage später im Training von Monza am 5. September 1970 tödlich verunglückte.

Motorrad-WM-Läufe standen bei den Fans hoch im Kurs. Nicht selten kamen bis zu 100.000 Besucher, vor allem wenn sich Asse wie Giacomo Agostini und Toni Mang ankündigten. Events dieser Art sind Vergangenheit. Seit dem letzten Motorrad-WM-Lauf 1994 finden auf dem 4,25 Kilometer langen Rundkurs Präsentationen und Fahrlehrgänge bekannter Automarken, Klubtreffen und Testtage statt. Eine Ausnahme ist der Tourenwagen-WM-Lauf. Die Saison von April bis Mitte November ist stets ausgebucht.

Durch die Talkessellage verfügt der Kurs über Naturtribünen, die Zuschauern attraktive Ausblicke gewähren. Von der Fahrerlagerkurve aus kann man sogar drei Viertel der Strecke im Auge behalten. Motorsportfans, die mit ihrem Pkw oder Motorrad gern ein paar Runden drehen möchten, können sich zu speziellen Terminen für freies Fahren anmelden. Bei Autofirmen oder Klubs, die den Ring gebucht haben, kann man für Fahrten anfragen. Star-Dirigent Herbert von Karajan, der hier auch gern Testrunden absolvierte, war eines Tages Anlass für eine heitere Begebenheit: Er bestellte für einen WM-Lauf per Fax vier kostenfreie VIP-Karten beim damaligen Präsidenten des Österreichischen Automobil Sport Clubs, Willy Löwinger. Löwinger willigte ein, aber nur wenn der »Maestro« im Gegenzug vier kostenlose VIP-Karten für die Salzburger Festspiele zur Verfügung stelle. Was Karajan auch tat.

Adresse Salzburgring 1, A-5325 Plainfeld, www.salzburgring.com | **Öffnungszeiten** April–Nov., Anmeldung für »Freies Fahren« unter Tel. +43 (0)662/848734 | **Anfahrt** Von Salzburg aus über die Wolfgangsee Straße/B 158 in Richtung Plainfeld, bei der Habachstraße links abbiegen und den Schildern Salzburgring folgen | **Tipp** Das Museum »Manro« im nahe gelegenen Koppl zeigt klassische Oldtimer – von Ferrari, Jaguar, Mercedes und Maserati bis hin zum Ford A, einem der ersten Fließbandautos aus dem legendären Highland Park in Detroit, USA.

SALZBURG

22 Der Aigner Park

Müßiggang auf kulturhistorischen Pfaden

Beim Verweilen in der Natur ändert sich das innere Tempo eines Menschen. Eine Erkenntnis, die schon vor 200 Jahren in Salzburg Gültigkeit hatte. Der Aigner Park im Südosten der Stadt, um etwa 1780 zur Zeit der Aufklärung auf den bewaldeten Hügeln des Gaisbergs entstanden, zählt zu den wichtigsten Denkmälern der Gartenbaukunst des frühen 19. Jahrhunderts. Als ihn Domherr Ernst Fürst von Schwarzenberg 1804 ausbauen ließ, veredelten Kanzeln, Glorietten, Grotten, Eremitagen, verschlungene Wege, Schluchten, Wasserfälle und erhabene Aussichtspunkte den weitläufigen Park östlich von Schloss Aigen. Auch ein Heilbad entstand, weil man der Bitterquelle seit dem Spätmittelalter heilende Kräfte nachsagte.

Der Aigner Park war damals für Salzburg-Reisende aus ganz Europa ein Fixpunkt, wie es heutzutage Mozarts Geburtshaus ist. Maler erhoben ihn zum Paradies, Dichter und Fabulanten schwärmten von einem »Abglanz himmlischer Herrlichkeit«. König Ludwig I. von Bayern verewigte sich im Gästebuch mit dem Eintrag: »Einzig bist du holdes Aigen, nirgends hast du Deinesgleichen in der unermess'nen Welt.«

Diese überhöhte Begeisterung kann man heute nicht mehr teilen, wenn man Wege und Stufen des steil ansteigenden Hügels in Richtung Gaisberggipfel hinaufgeht. Das Jägerloch, einst ein prachtvoller Aussichtspunkt, ist durch den dichten Baumbestand längst zugewachsen. So hat sich der Aigner Park in ein beschauliches Refugium für Kurzzeit-Müßiggänger verwandelt. Die würzige und an heißen Sommertagen kühlende Luft wirkt belebend, Bänke am Wegesrand laden ein zur Rast. Die untere Grotte, die man »Hexenloch« nennt, gilt als mystischer Höhleneingang. Einem Bericht aus dem Jahre 1792 zufolge war hier ein Treffpunkt für die sogenannten »Illuminaten«, eine den Freimaurern nahestehende Loge. Mittlerweile ist der Aigner Park laut Salzburger Naturschutzgesetz ein »geschützter Landschaftsteil«.

52

Adresse Schwarzenbergpromenade 37, A-5026 Salzburg (Aigen) | **Öffnungszeiten** ganzjährig frei zugänglich | **ÖPNV** Obus 7, Haltestelle Überfuhrstraße, Fußweg circa 20 Minuten | **Tipp** Schloss Aigen, ein alter Herrensitz des Salzburger Domkapitels direkt vor dem Eingang zum Aigner Park, beherbergt ein gemütliches Gasthaus.

SALZBURG

23__ Die Almwelle

Good Vibrations für Salzburgs Surfer-Subkultur

Das Verlangen, exotische Sportarten auch vor der Haustür auszu-üben, hat manchmal überraschende Folgen. So auch in Salzburg, wo vor wenigen Jahren Surf-Enthusiasten in einer Gefällestufe im Stadtteil Gneis am flott dahinströmenden Almkanal die Möglichkeit erkannten, ihren Traum von der großen Freiheit auf dem Surfboard Realität werden zu lassen. Nach etwas Lobbying war es so weit. Bei der Almabkehr im September 2010 wurde die kleine Gefällestufe mit einer Holzrampe und einer Gerinneaufweitung zu einer Trai-ningsstelle für Surfer und Paddler ausgebaut: Die »Almwelle« war geboren und stieß auf großen Zuspruch. Bei Schönwetter üben sich mehr als ein Dutzend Surfer im Balance-Contest, und auch im Spät-herbst flitzen noch einige auf dem hellblau leuchtenden Wasser des Kanals dahin. Die meisten sind mit Helm und Neoprenanzug aus-gerüstet, manche Surfer kommen auch mit der Badehose aus.

Natürlich schwimmt Salzburgs Riversurfer-Szene auf der Popu-laritätswelle, die der Eisbach in München ausgelöst hat. Dort ist das innerstädtische Surfen seit 20 Jahren Kult. Doch einige Unterschie-de gibt es: Durch zwei bewegliche Spoiler lässt sich die Wellenform beim Surfen »auf der Alm« modifizieren. Mit 0,5 Metern Höhe und 4,5 Metern Breite ist die Salzburger Welle außerdem um einiges kleiner, sodass maximal zwei Surfer gleichzeitig auf ihr reiten kön-nen.

Für Kenner der Szene bietet der Hot Spot am Almkanal hervor-ragende Bedingungen, um die Kunst des Surfens auf einer stehenden Welle zu erlernen. Ein heimischer Pionier hat sogar ein Board ent-wickelt, das auf die Besonderheiten der Almwelle zugeschnitten ist. Dessen ungeachtet endet so mancher Ritt bereits nach ein paar Se-kunden im eiskalten Wasser.

Die Infrastruktur ist hier marginal. Die Surfer scheinen aber da-mit leben zu können, und die Spaziergänger haben sowieso ihre Freude an der schillernden Szene.

Adresse Heinrich-Meder-Weg, A-5020 Salzburg (Gneis) | **Öffnungszeiten** Ganzjährig | **ÖPNV** Obus 5, Endstation Birkensiedlung; von der Obuskehre dem Kanal 150 Meter stadteinwärts folgen | **Tipp** Wetsuit und Riverboard kann man bei Seidl Board & Fashion (Gnigler Straße 35, Tel. +43 (0)662/871258, www.boardshop.at) erwerben. Spazierengehen und Radfahren entlang des Almkanals bereitet ebenfalls großes Vergnügen.

SALZBURG

24 Die Alpenmilch-Zentrale

Das Beste von Kuh und Industriedesign

In dicht bewohnten Stadtgebieten haben es lebensmittelerzeugende Betriebe nicht leicht: Der Anblick grauer Industriefassaden, Lärm, Geruchsentwicklung, Verkehrsbelastungen oder ein Mix aus alldem sorgen oft dafür, dass die um ihre Lebensqualität fürchtenden Anwohner auf die Barrikaden steigen. Weit von diesen Image-Problemen entfernt ist die Alpenmilch-Zentrale im Stadtteil Itzling, die sich seit einem Komplett-Neubau im Jahr 2010 nicht nur als hypermoderner Betrieb präsentiert, sondern auch als Vorzeigebeispiel in Sachen moderne Industriearchitektur.

Und so fragt man sich beim ersten Sichtkontakt: Ist das jetzt ein Museum der Moderne oder ein gestrandeter Ozean-Tanker? Verantwortlich für die Irritation ist die Fassade aus durchlöcherten Alu-Paneelen und blau getönten Fenstern, die sich entlang der gesamten Straßenfront der Alpenmilch-Zentrale erstreckt.

Die Front, vom Tiroler Künstler Peter Sandbichler aus unbehandeltem Aluminium gestaltet, signalisiert aber auch Transparenz und erweckt Neugier. Die Botschaft: Salzburgs größter milchverarbeitender Betrieb hat nichts zu verbergen. Das gilt etwa für die Hygiene, die gerade bei der Lebensmittelverarbeitung von zentraler Bedeutung ist. Worum sich hier alles dreht, verraten aber schon die grellbunten Kunststoff-Kühe, die vor dem Eingangsbereich für gute Laune sorgen.

Hinter der schicken Fassade – und in der zweiten Reihe – ist alles untergebracht, was benötigt wird, um 160 Millionen Kilogramm Milch zu 360 verschiedenen Erzeugnissen der »weißen Linie« (Milch-, Joghurt- und Topfenprodukte), der »gelben Linie« (Käseprodukte) und der »bunten Linie« (Mischprodukte) zu verarbeiten, zu verpacken sowie bis zum Transport zum Verbraucher zu lagern. Den größten Platz nimmt das Kühllager ein, das geschützt von der Alu-Fassade und zurückversetzt von der Straße gleichsam dem Blick entschwindet.

56

Adresse Alpenmilch Salzburg Ges.m.b.H., Milchstraße 1, A-5020 Salzburg (Itzling), Tel. +43 (0)662/24550, www.milch.com | **ÖPNV** Lokalbahn Station Itzling, Obus 6, Haltestelle Erzherzog-Eugen-Straße | **Tipp** Im angeschlossenen Milchladen (geöffnet montags bis freitags 6.30 bis 15 Uhr) kann man Köstlichkeiten wie Bärlauch- oder Paprikakäse gleich in Kilo-Blöcken erwerben.

SALZBURG

25 Die Antretter-Hauskapelle
Kleinod im Hinterhof

Türme, Kuppeln, Helme und Spitzen, wohin das Auge schweift. Die Silhouette Salzburgs ist geprägt von Kirchtürmen aller Epochen und Baustile. Manche Gotteshäuser sind jedoch so speziell, dass sie sich den meisten Blicken bis heute entzogen haben: Die Rede ist von den Hauskapellen wohlhabender und angesehener Adelsfamilien.

Eine der letzten ihrer Art befindet sich gut versteckt in einem Hinterhof mitten im Gewühl der Altstadt. Die Tür zum Mozartplatz Nummer 4, dem sogenannten Antretter-Haus, steht offen, ein paar Schritte weiter öffnet sich die Passage zu einem begrünten Innenhof.

Das kunsthistorische Kleinod ist am Ende zu erblicken. Wie eine Miniaturausgabe der großen barocken Gotteshäuser erscheint die Hauskapelle Mariae Himmelfahrt. Ausgestattet ist die in Gelb gehaltene Kapelle mit einem kleinen Glockenturm, den ein Zwiebelhelm krönt. Rokokofenster gliedern die Frontseite. Das Relief im Giebelfeld schmückt eine Madonna. Das muss genügen, denn betreten kann man die in Privatbesitz stehende Kapelle, deren Rückseite man vom Rudolfskai erblicken kann, nicht.

Das Gotteshaus ist Teil eines ehemaligen Stadtpalais, das das Adelsgeschlecht Rehlingen Ende des 16. Jahrhunderts erbauen ließ. Johann Ernst von Antretter, der als »Kanzler der Salzburger Landschaft« und Hofkriegsrat eine wichtige Persönlichkeit im fürsterzbischöflichen Salzburg war, erwarb das Anwesen im Jahr 1765 und ließ die Hauskapelle erneuern.

Die Familie war gut befreundet mit den Mozarts. Maria Anna (»Nannerl«) Mozart gab der Tochter Klavierunterricht, und der junge Wolfgang Amadeus war nicht nur befreundet mit Cajetan, dem Sohn des Hauses, sondern komponierte zu Ehren von Frau Antretter die bekannte Antretter-Serenade für Orchester in D-Dur (KV 185). Gut möglich also, dass auch Mozart des Öfteren in der versteckten Hauskapelle anzutreffen war.

58

Adresse Mozartplatz 4, A-5020 Salzburg | **ÖPNV** Buslinien 3, 5, 6, 7, 8, 20, 25, 28, 160, 170, Haltestelle Mozartsteg/Rudolfskai | **Tipp** »Salzburg auf neuen Wegen« lautet der Titel einer anregenden Broschüre für Stadtwanderer, die gleich nebenan, bei der Salzburg Information am Mozartplatz Nummer 2, kostenlos ausliegt.

SALZBURG

26__Das Augustiner Bräu Mülln

Höchste Braukunst, wie vor 100 Jahren

In Salzburg gibt es eine Brau-Institution, um die die bayerischen Nachbarn – und übrigens auch die Bierfreunde im Rest Österreichs – die Mozartstädter beneiden: das Augustiner Bräu Mülln. Erstes und wichtigstes Argument: Das herrliche, unpasteurisierte Märzen-Bier, das die im Jahr 1621 vom Orden der Augustinereremiten gegründete und heute von Benediktinern geführte Klosterbrauerei verlässt. Dazu kommen der schlanke Preis von unter sechs Euro die Maß und ein herrlicher Gastgarten.

So viel ist bekannt. Doch interessant ist ein Blick hinter die Kulissen der Brauerei, die bis heute auf alte handwerkliche Produktionsweisen setzt. Abgesehen vom brandneuen Sudkessel braut man im Augustiner Bräu mit einer Ausstattung, wie sie vor 100 Jahren der letzte Schrei war. Die Würze wird wie eh und je vom Sudhaus auf das Kühlschiff »ausgeschlagen« und fließt weiter über Berieselungskühler. An diesen Stationen kann natürlicher Sauerstoff auf das Vorprodukt einwirken – das Märzen bekommt seinen »kernigen« Geschmack. Seltenheitswert hat auch die Gärung in offenen Bottichen, und der Einsatz eines Baumwollmassefilters zur schonenden Filtrierung des Gerstensaftes ist hierzulande kein zweites Mal dokumentiert.

Auf den Führungen wirft man auch einen Blick in die letzte Picherei Österreichs, wo die kleinen und großen Holzfässer mit Pech ausgekleidet werden. Das verleiht dem Augustiner-Märzen noch mal eine besondere Note. Der Löwenanteil der Produktion wird direkt im angeschlossenen Bräustübl konsumiert. Seine Maß kann man auch im legendären Marmorsaal genießen, der einst den Salzburger Hauptbahnhof zierte und der 2017 ein neues Leben im Augustiner Bräu begann. Dass sich handwerkliche Brautradition mit innovativem Gedankengut verträgt, beweist etwa die Errichtung eines eigenen Mini-Kraftwerks an einem nahen Ausläufer des Almkanals. Es versorgt die Brauerei mit sauberer Energie.

60

Adresse Lindhofstraße 7, A-5020 Salzburg, Tel. +43 (0)662/431246, www.augustinerbier.at |
ÖPNV Buslinien 7, 10, 20, 21, 24, 27 (an Werktagen Direktverbindung Bahnhof), 28, Haltestelle Landeskrankenhaus; S-Bahn S 2 und S 3, Haltestelle Mülln-Altstadt |
Öffnungszeiten Braustübl: täglich 15–23 Uhr, Sa, So und Feiertage 14.30–23 Uhr; Brauereiführungen mit Bierverkostung für Gruppen ab 10 Personen: auf Voranmeldung täglich nur nachmittags | **Tipp** Ihre reiche barocke Innenausstattung macht die Pfarrkirche Mülln gleich nebenan zu einem Pflichtziel für alle kunsthistorisch Interessierten.

SALZBURG

27 Der Balkan Grill

Die Bosna: Salzburgs Antwort auf die Currywurst

1949 war ein hervorragendes Jahr für die Sache der Wurst. An ihrem Imbissstand in Berlin-Charlottenburg versah eine gewisse Herta Heuwer erstmals eine Brühwurst mit einer spontan erfundenen Sauce aus Tomatenmark, Currypulver und weiteren Zutaten – die Geburtsstunde des Klassikers Currywurst. Zur selben Zeit bemühte sich, 600 Kilometer südlich, der aus Bulgarien stammende Zanko Todoroff um die Wursthoheit in Salzburg. Im Augustiner Bräu zu Mülln stellte er einen Ofen auf, briet Schweinsbratwürste, die er zusammen mit reichlich klein gehackter Zwiebel in einen angewärmten Weißbrotwecken gab. Hinzu kamen Petersilie und eine scharfe Gewürzmischung, um die ein Geheimnis gemacht wurde, die aber eindeutig als currylastig beschrieben werden kann. Ein weiterer – zumindest in Salzburg und Oberösterreich bekannter – Wurstklassiker war geboren!

Wie die Wurst zu ihrem Namen »Bosna« kam, dazu gibt es zwei Versionen: Zum einen wird die forsche Umbenennung der balkanischen Hotdog-Variante Kunden zugeschrieben, die sich Todoroffs ursprünglichen Namen »Nadanitza« nicht merken konnten. Zum anderen, so heißt es, gab der Wurst-Pionier selbst für seinen Stand, den er sich dank reißenden Absatzes in Mülln bald leisten konnte, ein Schild in Auftrag, das seine Kreation als »Bosa« anpreisen sollte. Der Schildermaler fügte jedoch, vielleicht an Bosnien denkend, ein »n« ein. Wie dem auch sei: Als Bosna (Artikel: »die«) wurde Todoroffs Spezialität zu einem Klassiker.

Auch über 60 Jahre später schmeckt die Salzburger Fast-Food-Variante beim »Balkan Grill« oder »1. Salzburger Bosna Grill«, wie eine Leuchtschrift verkündet, am besten. 800 Portionen gehen an starken Tagen über die Theke. In fünf Variationen wird der Kult-Imbiss angeboten. Immer mit dabei sind zwei Stück Schweinsbratwürste frisch vom Fleischermeister, dem der Stand seit Langem gehört, sowie das Curry-Gewürz.

62

Adresse Im Durchhaus zwischen Getreidegasse 33 und Universitätsplatz 2, A-5020 Salzburg | **Öffnungszeiten** täglich 11–19 Uhr, Sa 11–18 Uhr, So 14–19 Uhr | **ÖPNV** Buslinien 1, 4, 8, 22, Haltestelle Herbert-von-Karajan-Platz | **Tipp** Nicht von der Länge der Warteschlange abschrecken lassen: In der Wurstbude wird schnell gearbeitet. Ein noch größeres Angebot finden Wurstliebhaber am Grünmarkt auf dem Universitätsplatz vor.

SALZBURG

28 Die Blitzmessstation

Wenn's wo einschlägt, dann am Gaisberg

Der Gaisberg ist mit seinem Sender nicht nur eine wichtige Orientierungsmarke, sondern auch eine ungewöhnliche Messstation. Nirgendwo in Österreich schlägt der Blitz häufiger ein als auf dem 1.287 Meter hohen Ausläufer der Osterhorn-Gruppe, der zu Salzburgs Hausbergen zählt.

Präziser gesagt: Auf der 100 Meter hohen Mastspitze des Senders werden 50 bis 60 Einschläge pro Jahr registriert. Die Wissenschaft hat sich dieses Phänomen zunutze gemacht, indem sie den Wald aus Antennen und Satellitenschüsseln um eine Blitzmessstation bereichert hat. Ihre äußeren Elemente sind im Wesentlichen die »Fangstangen«, die sich mit freiem Auge an der Spitze des rot-weiß-roten Senders gerade noch ausmachen lassen.

Weltweit einzigartig macht diese Messstation die Qualität der Gaisberger Blitze. Es handelt sich zu 99 Prozent um Aufwärtsblitze, die am Turm starten und in die Gewitterwolke hinaufgehen. Die an der Mastspitze installierten Sensoren messen die physikalischen Parameter des Einschlags, während eine Spezialkamera das Ereignis in bis zu 1.000 Bildern pro Sekunde dokumentiert. Federführend ist das Austrian Lightning Detection & Information System (ALDIS), das die Erkenntnisse mit internationalen Partnern und der Wirtschaft austauscht.

Die Messungen helfen, die bei einem Gewitter und speziell bei Blitzschlag auftretenden Phänomene besser zu verstehen. Auch an praktischem Nutzen mangelt es nicht: Die Erkenntnisse vom Blitzberg dienen zum einen der Optimierung des österreichweiten ALDIS-Blitzortungssystems, zum anderen einer Verbesserung der Schutzmaßnahmen für exponiert stehende Windenergie-Anlagen, wo Einschläge oft nach ähnlichem Muster verlaufen.

Und wenn beim Wandern dunkle Wolken über dem Gaisberg aufziehen? Nicht lange nach Buchen suchen, raten die Experten. Fast gefahrlos steht man unter dem Sender, der als Blitzschutz dient.

Adresse Gaisberg, A-5020 Salzburg | **ÖPNV** Buslinie 151 ab Mirabellplatz, Haltestelle Gaisbergspitze | **Anfahrt** Über die Wolfgangsee Straße/B 158 und die Gaisberg Landesstraße/L 158 zum Parkplatz am Gipfelplateau | **Tipp** An weniger gewitterträchtigen Tagen bietet der Gaisberg-Rundwanderweg eine attraktive Möglichkeit, Stadt und Umland aus verschiedensten Perspektiven kennenzulernen.

SALZBURG

29_ Die Blumen-Verkehrsinseln

Flower Power fürs Auge und fürs Gemüt

Die Stadt Salzburg hat ihre leidigen Probleme mit Verkehrsstaus. Wenn es im Sommer regnet, dann machen sich aus allen Landesteilen Abertausende mit dem Auto auf den Weg in die Salzach-Metropole – und müssen warten. Zusammen mit den motorisierten Pendlern, die aus den Umlandgemeinden zu ihren Arbeitsplätzen streben. Und auch mit den Bussen ist dann kaum ein Vorankommen. Schlechte Laune paart sich mit der Gelegenheit, ausführlich aus dem Fenster zu blicken. Und siehe da – da springen einem unweigerlich die Blumenfestspiele ins Auge, die das Stadtgartenamt auf den örtlichen Verkehrsinseln ausrichtet.

Etwa die Inszenierung vor dem Kongresshaus: Zwei kleine Verkehrsinseln geleiten die Autos hin zu einem Kreisverkehr. Ein Meer von gelben und violetten Stiefmütterchen wogt auf der einen Fläche, ein paar Meter weiter erhebt sich aus einem Polster von Veilchen und Vergissmeinnicht eine Insel aus roten Tulpen. Die geschmackvollen Arrangements finden auf der Fläche im Kreisverkehr noch mal eine Steigerung, dann wird man durch ein weiteres Blumenspalier weiter in Richtung Altstadt geleitet. Auch an anderen Zubringerwegen spielen sich solche rauschenden Spektakel ab, etwa an der Erzabt-Klotz-Straße im Süden oder beim Kreisverkehr am Rehrl-Platz, wo ein spiralförmiger Blumenhügel das Auge erfreut.

Blumen bauen Stress ab. Vielleicht hat auch aus diesem Grund das Stadtgartenamt damit begonnen, viele ihrer Verkehrsinseln floristisch so aufzupeppen. Am meisten Aufmerksamkeit bekommen natürlich jene ab, die günstig gelegen sind. Manchmal hat es beinahe den Anschein, als ob einander die Gartenkünstler der Stadt anspornen würden, aus den begrenzten Grünflächen die schönste Dekoration herauszukitzeln. Die Bepflanzung wechselt im Jahresverlauf – satt sehen kann man sich kaum. Und so werden aus ansonsten wenig beachteten Ecken einige der schönsten Visitenkarten an der Salzach!

66

Adresse überall im Stadtgebiet, etwa Rehrlplatz, vor dem Kongress, vor der Staatsbrücke oder an der Erzabt-Klotz-Straße, A-5020 Salzburg, www.stadt-salzburg.at | **Öffnungszeiten** ab April bis in den Herbst | **Tipp** Wenn Sie Blumenschmuck sehen wollen, der bei den Festspielen zum Einsatz kommt, besuchen Sie die Kunstgärtnerei Doll in der Nonntaler Hauptstraße 79.

SALZBURG

30 Der Botanische Garten

Salzburgs Flora in der Nussschale

Von den Mooren des Alpenvorlandes bis in die Hohen Tauern, wo die genügsamsten Pflanzen Europas Eis und Schnee trotzen, vom tropischen Dschungel bis in die Wüste – das ist die phantastische Reise, die man auf gut einem Hektar Fläche im Botanischen Garten der Universität Salzburg unternehmen kann. Nicht viele wissen von dem Schatz, den die Naturwissenschaftliche Fakultät in Freisaal hegt und aufwendig inszeniert, und noch weniger wissen, dass all das als Naherholungsraum öffentlich zugänglich ist.

Die Gärtner der »Nawi« haben typische Lebensräume unserer Breiten in ökologischen Gruppen wie zum Beispiel Moore, Alpinum oder Trockenrasen zusammengefasst. Hier klammern sich Steinbrech und Flechten in die Ritzen des Kalkgesteins, ein paar Meter murmelt ein Rinnsal durch ein dunkel schimmerndes Stückchen Hochmoor. Die durch Kieswege voneinander getrennten Biotope strahlen in ihrer Gesamtheit die Ruhe eines japanischen Zen-Gartens aus. Bänke und lauschige Ecken laden zum Verweilen ein. Ein integrierter Wasserlauf mit träge dahinschwimmenden Fischen und das ein oder andere Kunstwerk bereichern das Gartenwunder.

Auch Besonderes und Exotisches ist zu sehen: Zum Beispiel ein Kalender mit Zeigerpflanzen für die phänologischen Jahreszeiten, eine Insel mit fleischfressenden Pflanzen, welche die verschiedenen Techniken zum Fangen und Verdauen unvorsichtiger Insekten demonstrieren sowie ein Fassadengewächshaus mit tropischen Pflanzen.

Der Apothekergarten informiert über 280 verschiedene Arznei- und Heilpflanzen der Region, die teilweise seit Jahrhunderten verwendet werden. Dass Arnika, Lavendel und Heilkraft aus der Natur ganz allgemein wieder en vogue sind, beweist auch der Zulauf zu den Sonderführungen der Salzburger Apotheker durch diese 300 Quadratmeter große botanische Schatzkammer. Übrigens: Auch giftige Kräuter lernt man kennen und meiden.

Adresse Universität Salzburg, Botanischer Garten, Hellbrunnerstraße 34, A-5020 Salzburg (Nonntal), Tel. +43 (0)662/8044-5531 (für Führungen), www.uni-salzburg.at | **Öffnungszeiten** Mai–Sept. Di–So 10–18 Uhr | **ÖPNV** Buslinie 22, Haltestelle Michael-Pacher-Straße | **Tipp** Der Vorgänger des Botanischen Gartens befand sich auf dem Gelände des heutigen Furtwänglergartens in der Altstadt. Noch heute sind dort etwa eine Weymouth-Kiefer oder ein stattlicher Gingko-Baum zu sehen.

SALZBURG

31 Das Café Wernbacher

Müßiggang im Takt der 1950er Jahre

Würde im deutschen Sprachraum ein Film im Stil der 1950er Jahre samt Kaffeehaus-Szenen gedreht, so könnte der Regisseur, statt das Ambiente mit allem Drumherum im Studio nachbauen zu lassen, dieses eins zu eins im Café Wernbacher finden. Eine geschwungene Neonschrift an der Fassade stimmt die Besucher auf eine kleine Zeitreise ein. In den Fenstern verbreiten Lampen, die auf tentakelartigen Metallfüßen stehen, ihr warmes Licht. Kaum hat man seine Jacke an den Messinghaken der Garderobe aufgehängt, fühlt man sich in die Wirtschaftswunderjahre zurückversetzt.

1952 sperrte das Café Wernbacher auf, man verfügte damals über die erste Espressomaschine der Stadt. Renovierungen erfolgen behutsam, um das Ambiente, das mindestens nostalgisch ist, zu bewahren. Es gibt größere und kleinere Sitzinseln mit gepolsterten Bänken, auf den kleinen Tischen findet auch eine Blumen-Deko Platz. Das Stimmengewirr weist den Ort als einen der Begegnung aus, frei nach dem Motto: Im Kaffeehaus ist's besser als zu Hause. Während es im Tomaselli und im Bazar, den viel berühmteren Salzburger Kaffeehaus-Institutionen, mitunter etwas gespreizt zugeht, verbreitet das Wernbacher Gelassenheit. Jung und Alt treffen sich zum Plausch, viele Einheimische sind unter den Gästen, und für einen Geschäftstermin taugen Kaffeehaus und Gastgarten auch.

Ob Frühstücksvariationen, Salat-Spezialitäten oder Torten, die einem aus der Vitrine schöne Augen machen: Die regionale Herkunft der Produkte ist den Betreibern ein Anliegen. Dem Geist eines Kaffeehauses entsprechend, ist die Auswahl von internationalen Zeitungen stattlich. Und wenn man nach stundenlanger Lektüre wieder auftaucht, würde man sich nicht wundern, Fifties-Ikone Humphrey Bogart an der American Bar lehnend zu sehen und die Worte zu vernehmen: »Ich glaube, dies ist der Beginn einer wunderbaren Freundschaft!«

Adresse Franz-Josef-Straße 5, A-5020 Salzburg, Tel. +43 (0)662/881099, www.cafewernbacher.at | **Öffnungszeiten** Mo – Sa 9 – 24 Uhr, So 9 – 18 Uhr, im Sommer So bis 24 Uhr | **ÖPNV** Buslinien 1, 2, 4, 3, 5, 6, 21, 22, 25, 32, 120, 130, 131, 140, 141, 150, 152, 154, Haltestelle Mirabellplatz | **Tipp** Am Sonntag kooperiert man mit »Das Kino«: Brunchbuffet und Filmmatinee zum kleinen Preis.

SALZBURG

32 Die Christian Doppler Schau

Der Physiker, der 14 Nobelpreisträger inspirierte

Wenn sich ein Zug einem Bahnübergang nähert und einen Pfiff ausstößt, wird dieser von den Passanten höher wahrgenommen als später, wenn der Zug vorbeigerauscht ist und sich entfernt. – Der Doppler-Effekt ist eines jener physikalischen Prinzipien, die man schon in der Schule ohne allzu große Schwierigkeiten kapiert hat. Benannt ist er nach dem in Salzburg geborenen und aufgewachsenen Christian Doppler (1803–1853). Mit seiner These der Frequenzverschiebung bei sich veränderndem Abstand zwischen Wellenquelle und Wellenempfänger hat er Weltruhm erlangt, allerdings erst lange nach seinem Tod.

Welche enorme Bedeutung seine Erkenntnisse für den Alltag haben, zeigt die »Christian Doppler Schau« im Haus der Natur, inklusive interaktiver Experimente: Der Aufforderung, einen Ball zu ergreifen und ihn so fest wie möglich an eine Wand zu werfen, kann kein Kind widerstehen. Wenige Augenblicke später wird die dabei erzielte Geschwindigkeit angezeigt. Ob Geschwindigkeitsmessung mit dem Doppler-Radar, Schlaganfall-Prophylaxe mit Doppler-Sonografie, ob Luftraum-Überwachung oder der Blick an die Grenzen des Universums durch die Messung der Frequenzverschiebung im Lichtspektrum: Der Doppler-Effekt findet heute mehr denn je Anwendung in Medizin, Physik, Technik und in der Astronomie.

14 Nobelpreisträger hat Doppler inspiriert, erfährt man in der gut aufbereiteten Schau. Doch Doppler erging es wie vielen anderen österreichischen Visionären: Sein Genie wurde nicht erkannt, er musste sich mit Anfeindungen herumschlagen und fand erst in Prag Anerkennung. 1853 starb der Naturwissenschaftler in Venedig, wo er ein Lungenleiden auskurieren wollte. Sein Grab auf dem Friedhof San Michele ist verschollen – eine Parallele zu einem weiteren zu Lebzeiten wenig gewürdigten Genie Salzburgs: Wolfgang Amadeus Mozart. Heute sind in Salzburg eine Klinik, ein Gymnasium, eine Straße und ein Konfekt nach Doppler benannt.

Adresse Haus der Natur, 2. Stock, Museumsplatz 5, A-5020 Salzburg, Tel. +43 (0)662/842653, www.hausdernatur.at | **Öffnungszeiten** täglich 9–17 Uhr | **ÖPNV** Buslinien 1, 4, 7, 8, 20, 22, 24, 27, 28, Haltestelle Mönchsbergaufzug | **Tipp** An den Physiker erinnert auch eine Gedenktafel an seinem Geburtshaus am Makartplatz 1.

SALZBURG

33__ Das Dommuseum

Ein Hauch von einstigem Prunk

Eine 71 Meter hohe Kuppel, elf Altäre und Platz für 10.000 Menschen. Der Salzburger Dom ist ein Bauwerk, das in seinen Ausmaßen und in seiner prunkvollen Ausstattung nur schwer zu erfassen ist. Doch innerhalb des Gotteshauses gibt es einen Ort, der die Geschichte des Doms und des ältesten Erzbistums im deutschen Sprachraum auf eine leichter fassbare Dimension herunterbricht: das Dommuseum, das seit 2014 zum Museenkomplex des Domquartiers zählt.

Goldschmiedearbeiten, Gemälde, Tapisserien und viele weitere Kunstwerke umfasst die Sammlung des Domschatzes. An Kostbarkeiten hervorzuheben sind etwa das 1.300 Jahre alte, berühmte Rupertuskreuz aus Bischofshofen und die kunstvoll gearbeitete goldene Hostientaube aus Limoges (13. Jahrhundert). Aufmerksamkeit verdienen auch Objekte wie etwa eine angebliche Reiseflasche des heiligen Rupert.

Die Exponate kommen im barocken Ambiente der sogenannten Oratorien über den Kapellenreihen des Langhauses bestens zur Geltung. Verbunden sind die Schauräume des Dommuseums über die Orgelempore. Hier heißt es innehalten und den einzigartigen Blick zum Altarraum genießen. Aus dieser Perspektive ergeben die prachtvollen Stuckaturen und der Bildzyklus mit Motiven aus der Passionsgeschichte viel mehr Sinn als vom Erdgeschoss des Doms.

Doch all dies ist nur mehr ein Abklatsch des einstigen Prunks, denn in den Wirren um 1800, als das Erzstift unterging, bedienten sich Franzosen, Bayern und Habsburger am Domschatz. Ein Schicksal, dem auch die im 17. Jahrhundert angelegte Kunst- und Wunderkammer nicht entging. Was heute in den südlichen Dombögen zu sehen ist, ist eine Rekonstruktion im barocken Stil, die den Besucher aber dennoch neugierig macht. Kunstvolle Amulette aus Steinbockhorn zum Schutz vor der Pest, Drechslerarbeiten aus Elfenbein, Vasen aus Bergkristall, Smaragde aus dem Habachtal, ausgestopfte Tiere und viele weitere Kuriosa werden hier zur Schau gestellt.

74

Adresse Domplatz 1a (Domvorhalle), A-5010 Salzburg, Tel. +43 (0)662/80422109, www.domquartier.at | **Öffnungszeiten** Mi–Mo 10–17 Uhr, Juli, Aug. täglich 10–17 Uhr, Mi bis 20 Uhr; Advent–6. Januar täglich 10–17 Uhr | **ÖPNV** Buslinien 3, 5, 6, 7, 8, 20, 25, 28, 160, 170, Haltestelle Mozartsteg/Rudolfskai | **Tipp** Die Bautätigkeit im Bereich des heutigen Doms seit der römischen Besiedlung dokumentiert das sehenswerte Domgrabungsmuseum am Residenzplatz (Dombogen).

SALZBURG

34__Der Erentrudishof
Streng katholisch und biologisch

Der Erentrudishof im südlichen Stadtteil Morzg ist eine Fein-
schmecker-Adresse, die weit über die Stadt Salzburg ausstrahlt.
Würzige Düfte steigen dem Besucher beim Betreten des ausge-
zeichneten Bio-Hofladens in die Nase. Dort türmt sich frisches Obst
und Gemüse in den Körben, da lockt die Vitrine mit rohem Schin-
ken, erlesenem Fleisch vom Tauernlamm, Geflügel und Käsespezia-
litäten – alles Bio-Waren, die von regionalen Bio-Bauern und vom
Hof selbst stammen. In den Regalen stapeln sich weitere Delikates-
sen aller Art: pikante Aufstriche und Pasta-Soßen, Gewürze, Nu-
deln, Spezialöle und vieles mehr in kontrollierter Bio-Qualität. Die
freundliche Verkäuferin erzählt, dass es jeden Donnerstag frische
Saiblinge und Forellen gibt.

Das alles verdankt man den Benediktinerinnen des Stiftes Nonnberg, denen der Erentrudishof im Süden Salzburgs gehört. Als die
erste große Bio-Welle Mitte der 1980er Jahre Mitteleuropa erreichte, waren die Klosterfrauen bereits ein Jahrzehnt mit Erfolg im bio-
logischen Anbau tätig. Auslöser dafür war die erste Ölkrise in den
70er Jahren, in deren Folge man auf die Produktion nach den Richt-
linien des organisch-biologischen Landbaus umsattelte. Das Know-
how erwarb man in der Schweiz bei Hans Müller, einem international anerkannten Agrarexperten und Wegbereiter der ökologischen
Landwirtschaft.

Inzwischen hat sich der Erentrudishof längst als Vorzeigebetrieb
der Bio-Landwirtschaft etabliert. Seit 2000 wird das Gut nicht mehr
von den Schwestern selbst, sondern von einer Pächterfamilie geführt,
die sich der Acker-, Grünland- und Milchwirtschaft auf etwa
78 Hektar Grund widmet. Angebaut werden Weizen, Roggen, Ha-
fer, Dinkel und Gerste. Etwa 30 Kühe liefern hochwertige Rohmilch,
die man am Hof rund um die Uhr einem Automaten entnehmen
kann. Ochsenmast, Jungrinder-Aufzucht und Freilandeier-Produk-
tion mit etwa 400 Hennen ergänzen das Programm.

Adresse Morzger Straße 40, A-5020 Salzburg (Morzg), Tel. +43 (0) 662/822858 | **Öffnungszeiten** täglich 9–18.30 Uhr, Sa 9–12 Uhr | **ÖPNV** Buslinie 25, Haltestelle Kleingmain, circa 5 Minuten Fußweg | **Tipp** In der Nähe des Erentrudishofes befinden sich Schloss Hellbrunn und der Tiergarten Hellbrunn. Beide liegen an der Buslinie 25.

SALZBURG

35 Die Festspiel-Außenorgel
Erwacht aus 50 Jahren Dornröschenschlaf

Orgeln, die den Schall nach außen transportieren, gibt es nur sehr wenige auf der Welt. Salzburg verfügt als Musikmetropole gleich über drei dieser Raritäten: den 500 Jahre alten Salzburger Stier auf der Festung, das halb so alte Orgelwerk des Mechanischen Theaters in Hellbrunn und die Außenorgel am »Haus für Mozart« im Festspielbezirk. Letztere lag mehr als 50 Jahre im Dornröschenschlaf, bevor sie mit viel Aufwand wieder instand gesetzt wurde und seit 2012 zu Festspielzeiten wieder ihre satten Klänge vom Toscanini-Hof aus in die Stadt schickt.

Die mit Grünspan überzogenen Orgelpfeifen, die an der Wand des von Clemens Holzmeister errichteten Bühnenturms kleben, sind ein Blickfang im sonst wenig ansehnlichen Toscanini-Hof. Die Orgel hat ihren Ursprung in der Frühzeit der Festspielgeschichte in den 1920er Jahren und erklang beispielsweise, wenn der »Jedermann« wegen Schlechtwetter vom Domplatz herüberwandern musste oder wenn in der Felsenreitschule Max Reinhardts legendäre Inszenierung von Goethes »Faust I« über die Bühne ging.

Bei einem Umbau im Jahr 1936 erlebte das Instrument eine Aufwertung, das dritte Manual wurde zur »Außenorgel«. Ein weiterer Umbau der Festspielstätten 27 Jahre später führte zur Entfernung der Saalorgel, während die Außenorgel verstummte und in Vergessenheit geriet.

Ein knappes halbes Jahrhundert später entsann man sich der musikalischen Kostbarkeit und stellte bei einer Inspektion fest, dass man sie wieder instand setzen könnte. 300.000 Euro wurden in die Restaurierung gesteckt. Die verstaubten Pfeifen wurden gereinigt, fehlende originalgetreu nachgebaut und ein neuer, mobiler Spieltisch angefertigt, um der Außenorgel neues Leben einzuhauchen. Seit 2012 ist sie wieder Teil des musikalischen Gesamtkunstwerks Salzburg und erklingt etwa zur Eröffnung der Festspiele oder vor den Vormittagskonzerten an Wochenenden.

Adresse Toscanini-Hof, A-5020 Salzburg, Tel. +43 (0)662/80450, www.salzburgerfestspiele.at | **ÖPNV** Buslinien 1, 4, 8, 22, Haltestelle Herbert-von-Karajan-Platz | **Tipp** Resch & Lieblich im Toscanini-Hof bietet gute Hausmannskost zu moderaten Preisen und wird zur Festspielzeit oft von Bühnenarbeitern frequentiert – mitunter schnappt man den neuesten Klatsch auf.

SALZBURG

36__Das Festspiel-Freiluftkino

Opern- und Konzerthighlights zum Nulltarif

Heute Mozarts Opera buffa »Le nozze di Figaro«, morgen »La Bohème« von Giacomo Puccini mit Salzburg-Darling Anna Netrebko in der Rolle der Mimi und übermorgen ein hochklassiges Orchesterkonzert, dirigiert von Claudio Abbado: Was wie ein Konzert-Wunschzettel an das Salzburger Christkind für die kommende Festspielsaison klingt – und, wenn überhaupt, nur für einen Batzen Geld zu bekommen ist –, ist bei den Festspielnächten am Kapitelplatz dank moderner Technik Realität geworden.

Abend für Abend, über einen Monat lang, bieten diese von einem internationalen Konzern gesponserten »Festspiele für Jedermann« – oder launiger: »Festspiele für den kleinen Mann« – Musikfreunden die Gelegenheit, einige der Topproduktionen der vergangenen Jahre in hervorragender Ton- und Bildqualität zu genießen. Dazu kommt ein Luxus, den sich kein anderes Festival leistet: Leicht zeitversetzt werden auch Highlights der laufenden Saison aus dem Großen Festspielhaus oder der Felsenreitschule, kaum ein paar Steinwürfe entfernt, übertragen.

Eine tageslichttaugliche LED-Kinoleinwand im Ausmaß von zehn mal acht Metern spielt die Hauptrolle. Für ein perfektes Klangerlebnis sorgt eine Soundanlage, die dezibelgenau auf die akustischen Rahmenbedingungen am Platz eingestellt werden kann. Die Vorteile liegen auf der Hand: Auf dem Kapitelplatz muss man sich nicht in Schale werfen, und die Atmosphäre ist ungezwungener als im Festspielbezirk. Ein kulinarisches Rahmenprogramm wird hier ebenso geboten. Und kostenlos ist das Musikerlebnis überdies. Geradezu kitschige Dimensionen kann das Ambiente annehmen, wenn das letzte Licht des Tages die Festung in Zartrosa taucht und gegen Übertragungsende ein Sternenzelt über dem Besucher funkelt. Das Freiluftkino befreit die Festspielmacher zumindest von einer ihrer Sorgen, nämlich, nicht genügend Karten für alle Musikfreunde anbieten zu können.

80

Adresse Kapitelplatz, A-5020 Salzburg | **Öffnungszeiten** Ende Juli–Anfang Sept. 20 Uhr; Fr–So 16 Uhr Opernfilme für Kinder, Programm unter www.siemens.at/festspielnaechte | **ÖPNV** Buslinien 3, 5, 6, 7, 8, 20, 25, 28, 160, 170, Haltestelle Mozartsteg/Rudolfskai | **Tipp** Hervorragend dokumentiert wird die Geschichte der Festspiele im Salzburg Museum am nahe gelegenen Mozartplatz 1.

SALZBURG

37_ Die Flamingokolonie
Gekreische und Gekrächze abseits des Zoos

Spaziergänger und Radfahrer wähnen sich im falschen Film, wenn ihre Streifzüge durch Salzburg sie erstmals auf den Wolfgang-Schaffler-Weg im Stadtteil Riedenburg führen. Ein Kreischen und Krächzen liegt in der Luft, das mit jedem Meter lauter wird. Und dann enthüllt ein Loch in einem Wall von Holundersträuchern einen Anblick wie aus »Jenseits von Afrika«: zartrosa Punkte vor dunkelgrünem Hintergrund, die sich bei näherem Hinsehen tatsächlich als Flamingos entpuppen. Grazil staksen sie im seichten Wasser eines Weihers auf und ab, dann werfen sie wieder den Hals weit zurück, schlagen die Flügel und zetern.

Die Vögel, die einen der St. Peter Weiher bevölkern, sind nicht etwa massenhaft aus dem Zoo Hellbrunn ausgebüxt – wo allenthalben Tiere, bevorzugt Gepard und Luchs, Wege in die Freiheit finden –, sondern Teil eines kleinen Privatzoos, den sich ein Tierliebhaber und Züchter an den gepachteten Seen eingerichtet hat. 50, 60, 70 Tiere zählt man mindestens, insgesamt sollen es mehr als 100 sein. Die Flamingos verbringen auch den Winter in ihrem Refugium. Im Rücken der Festung, geschützt von einem dichten Wall an Vegetation, lassen es sich die gefiederten Gesellen auch diesseits von Afrika gut gehen und tun, was Flamingos eben so tun: Manche ruhen auf einem Bein, andere sieben mit dem Schnabel unermüdlich Kleinlebewesen aus dem Wasser, wieder andere üben sich in Balz- und Imponiergehabe.

Das eingezäunte Areal schräg gegenüber gehört offenbar auch zum Ensemble des Privatzoos. Da sind zunächst einmal Graugänse, die ihre Wiese mit großem Geschnatter verteidigen. Kleine Hähne stolzieren herum. Den Schuppen nebenan nutzen seltene Schwäbisch-Hällische Hausschweine als Unterstand, wenn die Sonne herunterbrennt. Und die Passanten, die zum ersten Mal das tierische Vergnügen haben, nehmen den exotischen Anblick als Bereicherung wahr.

Adresse Wolfgang-Schaffler-Weg (Verbindung zwischen Schwimmschulstraße und Leopoldskroner Allee), A-5020 Salzburg (Riedenburg) | **ÖPNV** Buslinie 25, Haltestelle Seniorenheim Nonntal, dann etwa 10 Minuten Fußweg | **Tipp** Die Flamingos im Hellbrunner Zoo kann man im Unterschied zu den frei lebenden Verwandten aus der Nähe betrachten.

SALZBURG

38__Die Fliesenbilder am Bahnhof
Tourismuswerbung von 1910 reloaded

Der Salzburger Hauptbahnhof war lange Zeit ein Zweckbau ohne
Charme. Das ist seit Kurzem anders. Denn im Zuge eines mehrjäh-
rigen Umbaus sind auch einige historisch bedeutsame Ausstat-
tungselemente aus der Zeit der Jahrhundertwende zum Vorschein
gekommen und »reaktiviert« worden. Blickfang in der neu gestalteten und nunmehr lichtdurchfluteten Eingangshalle sind zehn aus der
Goldenen Zeit des Eisenbahntourismus stammende Fliesenbilder
mit Landschaftsmotiven und Wappen.

1909 wurden die auf Kacheln gemalten Arbeiten in rund neun
Metern Höhe auf die Mauer geklebt, um die Stadt Salzburg und Regionen, die von Salzburg aus gut erreichbar sind, von ihren schönsten Seiten zu präsentieren. 1964 verschwanden sie im Zuge einer
»Modernisierung« hinter Gips. Nach Restaurierung und Farbauffri-
schung begannen die Fliesenbilder im Jahr 2012 ihr zweites Leben.

Hier gleißen die weißen Gletscherfelder des Großvenedigers,
dort locken die tiefblauen Fluten des Zeller Sees vor dem Hintergrund des Kitzsteinhorns. Mächtig rauscht der Gasteiner Wasserfall
in die Tiefe, und herbstliche Farben umranken Schloss Hellbrunn
vor den Toren Salzburgs. Die Werke stammen von Hubert Zwickle,
Otto Barth, Hans Purtscher und Hans Wilt, Künstlern, die dem
Wirkungskreis der Wiener Werkstätte zugerechnet werden. Auch
100 Jahre nach ihrer Entstehung erfüllen die Tourismusbotschaften
noch ihren Zweck. Das merkt man spätestens, wenn man sich bei
dem Gedanken ertappt, wieder einmal an den Großglockner zu reisen, den Gosausee zu besuchen oder eine Wanderung im Matreier
Tauerntal zu unternehmen.

Zahlreiche weitere Dekorelemente im Jugendstil und die nach
historischem Muster gestalteten Fenster verleihen der Eingangshalle einen Hauch von Jahrhundertwende-Flair. Eine Symbiose aus
Denkmalschutz und moderner Architektur ist auch bei der Reno-
vierung der Stahlhalle über dem Mittelbahnsteig gelungen.

Adresse Südtiroler Platz 1, A-5020 Salzburg | **ÖPNV** Bushaltestelle Hauptbahnhof | **Tipp** Im Büro der Tourismus Salzburg GmbH am Hauptbahnhof kann man sich mit Unterlagen und Tipps versorgen (www.salzburg.info). Vom Dachcafé des Hotel Europa schräg gegenüber sind Mönchsberg und Kapuzinerberg zum Greifen nah, in Richtung Norden sieht man weit in den Flachgau hinein.

SALZBURG

39__ Der Fotohof

Ein präziser Blick auf Salzburg und den Rest der Welt

Dass an der Salzach ein international angesehenes Kompetenzzentrum in Sachen Fotokunst zu finden ist, geht in der Wahrnehmung Salzburgs als »Festspielmetropole«, »Mozart-Stadt« und »Welterbestadt« manchmal etwas unter.

Vor mehr als 30 Jahren wurde der Fotohof gegründet. Seit Kurzem präsentiert die Galerie ihre vielfältigen Aktivitäten im Kontext des nagelneuen City-Quartiers Stadtwerk Lehen. Offen und transparent präsentiert sich Salzburgs Aushängeschild für künstlerische Fotografie an seiner neuen Adresse an dem nach der österreichischen Fotografin Inge Morath benannten Platz. Die großzügige Glasfassade gewährt erste Einblicke in die ebenerdig gelegenen Räume und macht neugierig auf die ausgestellten Arbeiten. Etwa siebenmal im Jahr präsentiert der Fotohof eine neue Schau aus dem Spektrum der zeitgenössischen Fotografie. Vertreten sind namhafte österreichische und internationale Künstler ebenso wie aufstrebende Talente.

Der Eintritt ist kostenlos und gilt auch für den Zugang zu einer der besten Fachbibliotheken des Landes. Von den dokumentarischen Meisterwerken aus der berühmten Fotoschmiede Magnum über die Arbeiten von Robert Mapplethorpe und Annie Leibovitz bis zu den Landschafts- und Architektur-Panoramen der Österreicherin Margherita Spiluttini ist im Bücherschatz des Fotohofs alles zu finden, was in der Fotografie Rang und Namen hat. Viele der Bände sind im hauseigenen Verlag produziert worden.

Besonders originell ist die Möglichkeit, sich aus dem Bestand der Artothek großartige Fotokunst auszuleihen. Die Basis bilden Werke aus dem Editionsprogramm, das der Fotohof mit zahlreichen renommierten Künstlern und Künstlerinnen in den vergangenen Jahren produziert hat. Etwa 100 Leihwerke umfasst die Artothek. Der Mirabellgarten mit den Augen der Magnum-Fotografin Inge Morath gesehen – das würde sich in den eigenen vier Wänden doch gut machen.

Adresse Inge-Morath-Platz 1–3, A-5020 Salzburg (Lehen), Tel. +43 (0)662/849296, www.fotohof.at | **Öffnungszeiten** Di–Fr 15–19 Uhr, Sa 11–15 Uhr | **ÖPNV** Obus 2, 4, Haltestelle Ignaz-Harrer-Straße; S-Bahn S 2 und S 3, Haltestelle Mülln-Altstadt oder Aiglhof | **Tipp** Kulturelle Akzente im neuen Viertel setzt auch die Stadtgalerie am Inge-Morath-Platz 31.

SALZBURG

40__Die Franziskanerkirche

Anmutiger Stilmix von Romanik bis Rokoko

Kirchenfreunde kommen in Salzburg auf ihre Kosten. Bei einem knappen Zeitbudget wäre nicht etwa der Dom, der einen in seinen Dimensionen und mit seiner üppigen Ausstattung ziemlich überfordern kann, sondern die Franziskanerkirche ein gutes Besichtigungsziel. In diesem Gotteshaus, das vom 12. Jahrhundert bis 1634 auch Stadtpfarrkirche war, sind Kunstwerke unterschiedlicher Epochen miteinander verbunden. Die romanischen und gotischen Grundstrukturen, der barocke Prachtaltar und die Rokoko-Elemente ergeben einen in sich geschlossenen Gesamteindruck.

Wer die Franziskanerkirche von der Sigmund-Haffner-Gasse aus betritt, durchmisst zunächst die ursprüngliche romanische Langhaus-Basilika, die düster wirkt und von wuchtigen Pfeilern getragen wird. An diese schließt der gotische Hallenchor an, wo der Blick auf den lichtüberfluteten Hauptaltar fällt. Hell und dunkel, klobig und filigran – solche Gegensätze verleihen der Kirche eine unverwechselbare Atmosphäre. Als ihr größter Schatz galt einst der Ende des 15. Jahrhunderts errichtete spätgotische Flügelaltar des genialen Südtiroler Schnitzers und Bildhauers Michael Pacher. Man weiß, dass dieser größer war als der berühmte Pacher-Altar in St. Wolfgang.

Doch 200 Jahre später, im Barock, galt der Südtiroler Künstler als rückständig, und so gaben die Franziskaner bei Johann Bernhard Fischer von Erlach einen Neubau in Auftrag. Dieser integrierte 1709/10 in seine Version nur die gotische Madonna mit ihrer Lockenpracht und dem blauen Mantel. Der Rest des Altars wurde in alle Winde zerstreut. Auch Fischer von Erlachs goldüberladene Ausführung hat ihre Reize. Eine »kindhafte Madonna«, so beschrieb Erich Kästner seine Eindrücke, um sie herum ein »geflügelter Kindergarten«.

An Pacher, der kurz vor der Vollendung seines Meisterwerks in Salzburg starb, erinnert ein Gedenkstein in der linken Seitenkapelle.

88

Zur Erinnerung an den Maler und Bildschnitzer

MICHAEL PACHER

geb. um 1430 in Bruneck im Pustertal
gest. im Sommer 1498 in Salzburg
kurz vor Vollendung der Aufstellung
seines grössten Altarwerkes
damalige Stadtpfarrkirche
…anerkirche.

Adresse Franziskanergasse 5 / Ecke Sigmund-Haffner-Gasse, A-5020 Salzburg, Tel. +43 (0)0662 / 843629, www.franziskanerkirche-salzburg.at / | **Öffnungszeiten** täglich 6.30 – 19.30 Uhr | **ÖPNV** Buslinien 3, 5, 6, 8, 20, 25, 28, 160, 170, 270, Haltestelle Rathaus oder Buslinien 1, 4, 8, 22, Haltestelle Herbert-von-Karajan-Platz | **Tipp** Wer sich etwas Zeit lässt, kann in der schmalen Sigmund-Haffner-Gasse Bildmedaillons, schöne Portale, Marmorreliefs und weitere Kleinode entdecken.

SALZBURG

41 Die Gabrielskapelle

Aberhunderte farbige Kacheln zieren das Mausoleum

Auf dem Sebastiansfriedhof ist eines der rätselhaftesten und schönsten Denkmäler Salzburgs zu finden: die Gabrielskapelle. In ihr ruhen die sterblichen Überreste von Wolf Dietrich von Raitenau (1559 –1617). Der in Gelb gehaltene Rundbau mit seinem grünen Kupferdach bildet den Mittelpunkt des Friedhofs, den der Salzburger Erzbischof um 1600 im Stil eines italienischen Campo Santo hatte anlegen lassen.

Ein Blick ins Innere zeugt von einzigartiger Pracht: Die Wände sind mit Tausenden von weißen, blauen, orangefarbenen und grünen Fliesen ausgekleidet, die schachbrettartige Muster in immer neuen Variationen bilden. In der Kuppel leuchten rhombenförmige Kacheln in den Farben Blau und Rot.

Auch der Rest des Mausoleums ist eine Augenweide. Vier Nischen mit den Figuren der Evangelisten sind zu sehen, hochwertige Stuckarbeiten und Malereien veredeln das Ambiente im Inneren. Es ist jedoch das Element der Wandfliesen, das immer wieder für Verwunderung gesorgt hat, da in Mitteleuropa Ähnliches sonst nicht zu finden ist. Manche Kunsthistoriker sehen in Venedig und auf der Iberischen Halbinsel Vergleichbares, andere glauben dagegen, die Vorbilder für die Wandgestaltung der Gabrielskapelle in der heutigen Türkei suchen zu müssen. Islamische Fliesenkunst in Salzburg? Ein interessanter Gedanke. Woher Wolf Dietrich die Anregungen für sein Grabmal tatsächlich nahm, ist ungeklärt. Wahrscheinlich ist, dass Hofbaumeister Elia Castello und Hafnermeister Hans Khop aufs Genaueste die Anweisungen ihres Bauherren ausführten, als sie 1597 ans Werk gingen. Einen Hinweis darauf liefert eine Inschriftentafel, die der Fürsterzbischof zur Kenntnisnahme für die Nachwelt anfertigen ließ. Darauf heißt es, er, Wolf Dietrich selbst, habe für die Ausschmückung des Grabmals »in jeder Weise gesorgt«. 1617 wurde er entgegen seinem ausdrücklichen Wunsch in einer pompösen Begräbniszeremonie beigesetzt.

90

Adresse Sebastiansfriedhof, Linzer Gasse 41, A-5020 Salzburg | **Öffnungszeiten** Friedhof: täglich April–Okt. 9–18.30 Uhr, Nov.–März 9–16 Uhr; Führungen mit Besichtigung der Kapelle Di und Fr 14 Uhr ab Linzer Gasse 22, Infopoint, Anmeldung nicht erforderlich, sonst kann man durch das Gitter einen guten Blick ins Innere werfen | **ÖPNV** Buslinien 2, 4, 21, 22, Haltestelle Wolf-Dietrich-Straße | **Tipp** Machen Sie einen Bummel durch die Linzer Gasse, der nach der Getreidegasse wichtigsten Geschäftsstraße Salzburgs.

SALZBURG

42__Die Gämsenkolonie

»... auf Pfaden, die keine Gämse je betreten hat«

»… fremde, neue Welten erforschen, neues Leben und neue Zivilisationen aufspüren und mutig dorthin gehen, wo nie ein Mensch zuvor gewesen ist« – das Motto aus der Science-Fiction-Serie »Raumschiff Enterprise« kommt einem in den Sinn, wenn man an die Anfänge der kleinen, frei lebenden Gämsenkolonie auf dem Kapuzinerberg denkt.

Man schrieb das Jahr 1948, da schlich der Legende nach ein Gamsbock vom Untersberg – oder vielleicht vom Kühberg oder vom Gaisberg, die Erzählungen weichen in diesem Punkt voneinander ab – bei Nacht und Nebel durch Salzburg und erklomm den 638 Meter hohen Kapuzinerberg. Dem abenteuerlustigen Wanderer gefiel, was er zu Gesicht bekam, und so richtete er sich in seinem neuen Revier ein. Die Bereicherung der Kapuzinerberg-Fauna durch einen sehr exotischen Neuzugang blieb den Salzburgern nicht verborgen. Einige Jahre später beschlossen Tierfreunde, dem einsamen Bock eine Geiß an die Seite zu stellen. Diese beiden Tiere fanden zueinander und begründeten die Kapuzinerberg-Gämsenkolonie, deren Nachkommen man heute mit etwas Glück auf dem Stadtberg antreffen kann. Derzeit umfasst das Rudel etwa ein Dutzend Tiere. Die Größe schwankt, je nachdem, wie viele Tiere abstürzen oder eines natürlichen Todes sterben. Mitunter wird für Blutauffrischung von außen gesorgt. Betreut und gefüttert werden die Gämsen ehrenamtlich vom »Stadtjäger«, der am Kapuzinerberg eine kleine Hütte unterhält. Am ehesten begegnet man den Hornträgern auf der Ost- und Nordseite des Berges, wo auch die Futterstelle liegt. Dort finden die geübten Kletterer steile Felswände und weitere Rückzugsräume vor. Durch die Nähe zur Stadt sind sie nicht mehr ganz so scheu wie ihre Artgenossen aus dem Gebirge. Als einmal ein Filmteam anreiste, um die wohl einzige frei lebende Gämsen-Population in einer europäischen Stadt auf Zelluloid zu bannen, kamen einige von ihnen sogar bereitwillig für die Aufnahmen angetrabt.

92

Adresse Kapuzinerberg, A-5020 Salzburg | **ÖPNV** Bushaltestellen Theatergasse oder Makartplatz, 5 Minuten Fußweg bis Anstieg Kapuzinerberg von der Franziskuspforte in der Linzer Gasse | **Tipp** Im Franziskischlössl (Öffnungszeiten Mittwoch bis Sonntag 11 bis 17 Uhr), einem alten Wehrbau, können sich Wanderer stärken und prachtvolle Ausblicke auf das Umland genießen.

SALZBURG

43__Der Gemüsestand Punz

Tomaten-Wunder auf der Schranne

Sie heißen Langer Erwin, Schwarzer Prinz, Grünes Zebra oder Rotes Ochsenherz und teilen ein trauriges Tomaten-Schicksal: In den vergangenen Jahrzehnten sind sie an die Schwelle zum Aussterben gedrängt worden. Weil sie nicht ertragreich genug waren, eine Farbe haben, die manchen Konsumenten nicht passte, sich schwer lagern oder sich nicht gut transportieren ließen. Doch nicht überall: Die Walser Gemüsebauer-Dynastie Punz-Hörmann hat sich zur Aufgabe gemacht, die Tomatenvielfalt früherer Zeiten wieder aufleben zu lassen. Und aus diesem Grund sollte man dem Gemüsestand von Martin Punz auf dem beliebten Schrannenmarkt unbedingt einen Besuch abstatten.

Punz' Gemüsefelder und Foliengewächshäuser in Wals-Siezenheim dienen als Experimentierlabor, sein Stand hinter der St.-Andrä-Kirche ist der Beweis für die ungeheure Vielfalt des Tomaten-Universums. Ein Augenschmaus breitet sich vor dem Tomaten-Liebhaber aus. Knallrote Riesen hocken neben zierlichen rotbraunen Black-Cherry-Tomaten, gelb und orange leuchten die Früchte aus den Kisten, türmen sich in länglichen und wulstigen Formen zu vitaminreichen Bergen auf. Eines haben die »Exoten« gemeinsam: In Aroma und Geschmack unterscheiden sie sich stark von jenen Erzeugnissen, die, gezüchtet und optimiert von Agrochemiekonzernen, in den Supermärkten verkauft werden.

Begonnen hat das Experiment vor gut zehn Jahren. Heute züchtet der Slow-Food-Pionier etwa 60 rare Tomatensorten für den Verkauf im Frühjahr; rund 25 Sorten werden für die Fruchternte in den eigenen Gewächshäusern kultiviert. Die Tomaten-Festspiele beginnen im Juli und dauern bis Oktober, wenn der erste Frost einsetzt. Die Geschäfte laufen gut. Und wer am Schrannenmarkt vor leeren Regalen steht, kann gleich für den Wochenendeinkauf planen. Am Samstag gastiert das Tomatenwunder nämlich auf dem Grünmarkt am Universitätsplatz.

Adresse Mirabellplatz, A-5020 Salzburg; der Gemüsestand Punz-Hörmann ist auf der Rückseite der St.-Andrä-Kirche zu finden | **Öffnungszeiten** Do 6–13 Uhr | **ÖPNV** Buslinien 1, 2, 4, 3, 5, 6, 21, 22, 25, 32, 120, 130, 131, 140, 141, 150, 152, 154, Haltestelle Mirabellplatz | **Tipp** Die Orgel der St.-Andrä-Kirche wird oft von Mozarteum-Studenten bespielt. Mit etwas Glück kommt ein Kirchenbesucher in den Genuss eines Gratis-Konzerts.

SALZBURG

44 Der Glockenspielturm

Salzburgs akustisches Wahrzeichen im Blick

Das Glockenspiel der Neuen Residenz ist seit mehr als 300 Jahren ein akustisches Wahrzeichen Salzburgs. Täglich dreimal ertönen seine Melodien. Die erst seit Kurzem angebotenen Führungen auf den Glockenspielturm gewinnen dem Klangkunstwerk neue und ungewöhnliche Facetten ab. Höhepunkt: Hoch über dem Residenzplatz erlebt man den beschaulichen Hammerwirbel mit, der den 35 großen und kleinen Glocken ihre Klänge entlockt.

Groteske Wesen, halb Mensch halb Tier, mit Armen, die in Schlangenkörper auslaufen, begleiten den Besucher auf den Turm. Die Prunkstiege mit Stuckarbeiten des Meisters Elia Castello ist die erste Überraschung. Der Antriebsmechanismus des Glockenspiels ist die zweite − ein kompliziertes und prächtig anzusehendes System, das die beiden Geschosse unterhalb des Glockenstuhls ausfüllt. In seinem Zentrum steht eine Messingwalze mit rund 2,5 Metern Durchmesser und 7.964 Löchern − der Sitz der Melodie. In jedes kann ein Stift eingesetzt werden. Dreht sich die Walze, kommt das Werk in Gang. Holzleisten bewegen sich, Seilzüge treten in Aktion, Umlenkrollen sowie Gelenkstangen übertragen die Information auf das Hammerwerk, das die Glockenchoreografie in Gang bringt. Das zu beobachten ist ein Genuss und erfüllt den Besucher mit Hochachtung für die Handwerkskunst an der Wende zum 18. Jahrhundert.

1695 ließ Erzbischof Johann Ernst Graf Thun die 35 Glocken vom Glockengießer Melchior de Haze in Antwerpen ankaufen. Federführend bei der Entwicklung des Antriebsmechanismus war der Salzburger Hofuhrmacher Jeremias Sauter. 1704 meldete Sauter Vollzug. Heute halten Elektromotor und Zeituhr das technische Wunderwerk, das nach einer im Jahr 2011 abgeschlossenen Restaurierung wieder frisch und fröhlich klingt, am Laufen. Etwa 40 Musikstücke können auf der großen Messingwalze gesetzt werden. Hört man vom Glockenspielturm wildes Gebimmel, wird gerade umgesteckt.

Adresse Neue Residenz, Residenzplatz, A-5020 Salzburg, Tel. +43 (0)662 / 620808-700 | **Öffnungszeiten** Spielzeiten täglich 7, 11 und 18 Uhr, Führungen finden von Ende März–Ende Okt. Do 17.30 Uhr, Fr 10.30 Uhr statt | **ÖPNV** Buslinien 3, 5, 6, 7, 8 20, 25, 28, 160, 170, Haltestelle Mozartsteg/Rudolfskai | **Tipp** Beachten Sie die Handspielkurbel und lassen Sie sich Zeit für den Blick auf den Residenzbrunnen von oben. Der weiße Kubus des Museums der Moderne am Mönchsberg befindet sich auf Augenhöhe.

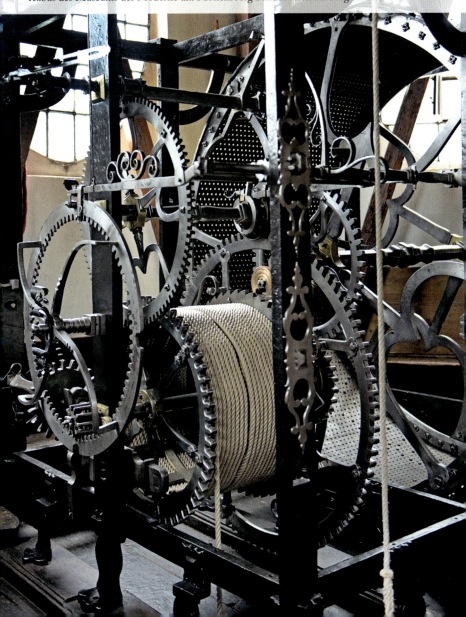

SALZBURG

45__Die Gstättengasse

Als der Himmel auf Salzburg stürzte

Kaum stimmt die Salzburger Vogelwelt ihr Hohelied auf den Frühling an, sind rund um den Mönchsberg ungewöhnliche Aktivitäten zu beobachten. Hoch über der Altstadt und ihren an den Felsen gebauten Gebäuden seilen sich vermeintliche Bergsteiger ab, schwingen von Wandabschnitt zu Wandabschnitt und klopfen mit Hämmern und Stangen auf das Konglomeratgestein ein.

Die Männer auf ihren »Schimmeln« genannten Holzsitzen gehören zu einem Berufszweig, der weltweit ziemlich einzigartig ist: den Bergputzern. Sie säubern die Stadtberge von lockerem Gestein, entfernen Wurzelwerk und setzen Steinfangnetze instand. Wenn größere Brocken herabzustürzen drohen, halten sie am Fuß der Wand den Verkehr an.

Ihr wochenlanger Einsatz in luftigen Höhen ruft in Erinnerung, dass den Salzburgern von den bewaldeten Felsrücken im Stadtgebiet mitunter auch erhebliche Gefahr droht. In der Gstättengasse ist dies einmal dramatisch zum Ausdruck gekommen. In der Nacht vom 15. auf den 16. Juli 1669 brachen gewaltige Felsmassen vom Mönchsberg herab und verschütteten die an den Fels gebaute Häuserzeile mitsamt zwei kleiner Kirchen. Als Nachbarn den Verschütteten zu Hilfe eilen wollten, gab der Fels erneut nach und begrub viele Retter unter sich. Die 220 Toten der Katastrophe fanden am damaligen Bürgerspitalfriedhof bei der Bürgerspitalkirche ihre letzte Ruhe. Später wurde festgestellt, dass der Berg an dieser Stelle durch zu viele Kavernen, Keller und Gänge instabil geworden war.

Ein Salzburger Brauereiunternehmer erwarb die Häuserzeile und sorgte für den Wiederaufbau in einem Guss. Eine ziemlich einheitliche Dachlinie erstreckt sich heute vom Gstättentor bis zum Klausentor. Ein Juwel im Stadtbild ist die Gstättengasse nicht. Und noch immer scheint ein so unmittelbarer Kontakt zum Berg, wie es ihn nur an wenigen anderen Ecken Salzburgs gibt, manchen Zeitgenossen nicht ganz geheuer zu sein.

Adresse Gstättengasse, A-5020 Salzburg | **ÖPNV** Buslinien 1, 4, 7, 8, 20, 22, 24, 27, 28, Haltestelle Mönchsbergaufzug; Buslinien 7, 10, 20, 21, 27, 28, Haltestelle Bärenwirt | **Tipp** An die Bergsturz-Katastrophe erinnern Gedenktafeln an der Ursulinenkirche und auf dem Sebastiansfriedhof.

SALZBURG

46 Das Hangar-7-Flugzeug-museum

Betagte Herren der Lüfte in neuem Glanz

Der kleine Salzburger Flughafen hat ein Wahrzeichen zu bieten, von dem viele größere Airports nur träumen können: Ein Museum mit einstigen Königen der Lüfte, die vor dem Verschrotten gerettet, restauriert und von der Nase bis zum Heckflügel wieder auf Hochglanz poliert worden sind. Als standesgemäße Unterkunft dient den chromblitzenden Babys eine futuristische, ufoähnliche Stahl-Glas-Konstruktion, der »Hangar-7«. Initiiert wurde er von Dietrich Mateschitz, der sich mit Energydrinks als höchst erfolgreicher Unternehmer etabliert hat. Historische Fluggeräte sind sein Steckenpferd.

Prunkstück der einsatzbereiten Luftflotte ist die DC-6B, Baujahr 1958, die einst als Jugoslawiens »Air Force One« Staatschef Tito und später afrikanische Potentaten durch die Weltgeschichte beförderte. In Namibia von seinem Altenteil geholt, in alle Einzelteile zerlegt und jahrelang restauriert, versieht der silberne Vogel heute seinen Dienst bei den »Flying Bulls«. Ebenso wie der Mitchell B-25J-Bomber, der bereits auf einem Flugzeugfriedhof in Arizona seinem Ende entgegengedämmert hatte.

Unter dem gläsernen Himmelszelt harren weitere historische Fluggeräte, demilitarisierte Alpha-Jets, Mikro-Jets, Hubschrauber und Kunstflugzeuge ihrer nächsten Einsätze. Konkurrenz machen ihnen die Formel-1-Boliden und Motorräder des Red-Bull-Rennstalls. Und wen Kerosin- und Benzingeruch kaltlassen, dem gefallen vielleicht die aktuelle Kunstausstellung oder das exotische botanische Programm des Hangar-7 mit seinen Phönix-Palmen, Tamarinden-Bäumen und Elefantenfüßen. All das kann man bestaunen, ohne einen Cent Eintritt zu bezahlen. Man kann aber auch nach einer Kaffeepause nach Berühmtheiten Ausschau halten. Gut möglich, dass die Maschine, eben ausrollt, eine Lindsey Vonn oder einen anderen »beflügelten« Mega-Sportstar zu einem PR-Event in den Hangar 7 befördert …

Adresse Hangar-7 am Salzburg Airport, Wilhelm-Spazier-Straße 7a, A-5020 Salzburg, Tel. +43 (0)662/21970 | **Öffnungszeiten** täglich 9–22 Uhr | **ÖPNV** Obus 2, Haltestelle Karolingerstraße | **Anfahrt** A1 Ausfahrt Flughafen, Hangar-7 ist ausgeschildert | **Tipp** Spitzenköche aus aller Welt geben sich im Feinschmeckertreff »Ikarus« im Hangar-7 die Klinke in die Hand – Reservierung erbeten!

SALZBURG

47 — Das Heizkraftwerk Mitte

Beton statt Barock

Salzburgs Altstadt ist dank der barocken Baujuwelen Weltkulturerbe. Seit dem Jahr 2002 bietet aber der 70 Meter hohe Betonkamin des Heizkraftwerks Mitte am gegenüberliegenden Ufer der Salzach den Kirchtürmen architektonisch Paroli. Nachts leuchtet die Kraftwerk-Kathedrale weithin sichtbar in Blau, Rot oder Safrangelb, während sich ihre Silhouette auf der Wasseroberfläche spiegelt und mannigfaltige Farb- und Formeffekte erzeugt. Moderne Ästhetik eines mutig konzipierten Industriebaus – und das im Nahbereich der viel gerühmten Altstadt!

Bereits in der Bauphase wurde das Projekt der Schweizer Architekten Bétrix & Consolascio leidenschaftlich diskutiert. Für die einen stellte der anthrazitfarbene Koloss einen »Schandfleck« dar, die anderen sprachen von »befreiender moderner Baukunst«. Als dann eine unabhängige Jury das Heizkraftwerk Mitte zum Gewinner des Landes-Architekturpreises 2002 erklärte, öffneten sich alle Schleusen lokaler Streitkultur. Der damalige Landeshauptmann verweigerte letzten Endes seine Unterschrift, sodass kein Sieger gekürt werden konnte.

Zu Unrecht, wie eine Führung durch das Innere des Kraftwerks deutlich macht. Das Foyer im Erdgeschoss des Kamins überrascht mit sonnigen Gelbtönen. Formen, die sich weiten, lange Sichtachsen und ein warmes Orange reduzieren die technische Kühle. Die Maschinenhalle präsentiert sich als ein riesiger Skulpturenraum. Die Turbinenquader sind wie überdimensionale Möbelstücke angeordnet. Im Bauch des Monolithen pochen zwei leistungsstarke Herzen: eine Dampf- und eine Gasturbine. Der Transport der 170 Tonnen schweren Gasturbine von der Ostseeküste an die Salzach erforderte logistische Spitzenleistungen. Auf sogenannten »Elefantenfüßen« wurde die Turbine schließlich ins Haus gefahren, gedreht und angeschlossen. Insgesamt versorgt das Heizkraftwerk Mitte etwa 27.000 Haushalte mit Fernwärme und rund 34.000 mit Strom.

Adresse Elisabethkai 52, A-5020 Salzburg | **Öffnungszeiten** Für eine Führung (Dauer circa 1,5 Stunden) sollte man sich zwei Tage vorher anmelden, Tel. +43 (0)662 / 8884-8903 | **ÖPNV** Obus 1, 2, 3, 5, 6, Haltestelle Kongresshaus (10 Minuten Fußweg), oder: zu Fuß vom Makartsteg entlang der Salzach am Elisabethkai (circa 10 Minuten) | **Tipp** Die Dachterrasse gewährt eindrucksvolle Ausblicke auf die Kirchturmlandschaft der Altstadt plus Festung und Mönchsberg. Im Haus Josef-Friedrich-Hummel-Straße 1 / Ecke Elisabethkai wurde der Dirigent Herbert von Karajan geboren, informieren eine Gedenktafel und ein Denkmal im Garten des Anwesens.

SALZBURG

48 Die Hellbrunner Allee

Ein Verkehrsweg, aber nicht für jedermann

Kaum eine andere Stadt Österreichs hat so viel für Radfahrer übrig wie Salzburg. Mit der Hellbrunner Allee ist sogar eine ganze Prachtstraße für die Radfahrer reserviert, pardon, mit Fußgängern und Joggern müssen sie sich die geschotterte Allee teilen.

Pfeilgerade führt sie durch den Grüngürtel im Süden nach Schloss Hellbrunn, das der von Lustbarkeiten geradezu besessene Fürsterzbischof Markus Sittikus in den Jahren 1613 bis 1619 erbauen ließ. Gut 200 Jahre lang war die Benutzung nur den Fürsten und ihrem Hofstaat vorbehalten.

Heute ist eindeutig der Weg das Ziel. Auf den dreieinhalb Allee-Kilometern gibt es viel zu entdecken. Ehemalige Adelssitze zeugen von dem Wunsch, den Herrschern nahe zu sein. Hier leuchtet in Schönbrunngelb Schloss Frohnburg, wo Mozarteum-Studenten residieren und musizieren, in einem Schlösschen hat sich ein Galerist einquartiert, im nächsten ein Trachtenhersteller.

Im Sommer verschränken sich die Äste der Ahornbäume, Linden, Rosskastanien, Buchen und Eichen zu einem schier undurchdringlichen Blätterdach. Etwa ein Dutzend von ihnen stammt noch aus der Zeit von Markus Sittikus. Längst besitzt der alte Baumbestand für die Kleintierwelt eine herausragende Bedeutung. Höhlenbrütende Vogelarten nutzen die verkrüppelten Riesen als begehrte Unterkunft, wie das Tschilpen und Gezeter verrät. Im Alt- und Totholz haben auch seltene Käferarten und andere Insekten ideale Lebensräume gefunden.

Dass heute Anhänger der sanften Mobilität unter sich sind, hat wesentlich mit einem Schockerlebnis städtebaulicher Art zu tun. In den 70er Jahren war geplant, nebst der Allee einen neuen Stadtteil aus dem Boden zu stampfen. Der darauffolgende Proteststurm gegen die Zerstörung einer der letzten Freiflächen der Stadt zeigte Wirkung. Die Hellbrunner Allee samt dem zugehörigen Fürstenweg zur Salzach steht seit 1986 unter Schutz.

Adresse Von Schloss Freisaal bis Schloss Hellbrunn, A-5020 Salzburg | **ÖPNV** Obus 5, Haltestelle Hofhaymer Allee oder Buslinie 25, Haltestelle Schloss Hellbrunn | **Tipp** Einen Drahtesel für die Salzburg-Erkundung kann man sich bei avelo am Mozartplatz ausleihen, gleich hinter dem Infobüro von Salzburg Tourismus.

SALZBURG

49__ Die Hexenturm-Gedenktafel
Ein düsteres Kapitel der Salzburger Justiz

Eine Gedenktafel, ein Schild mit einer besenreitenden Hexe, ein Mosaik an einer Hauswand mit den Umrissen einer auf einem Scheiterhaufen lodernden Frau. – An der Ecke Paris-Lodron-Straße und Wolf-Dietrich-Straße gibt es einige Hinweise auf ein düsteres Kapitel der Justizgeschichte. Hier stand bis zu einem Bombenangriff 1944 der sogenannte Hexenturm. Er hatte seinen Namen aus der Zeit um 1680, als eine Hexen-Hysterie über Salzburg hinwegfegte.

Ihre Wurzeln hatte sie in den sozialen Verwerfungen in der zweiten Hälfte des 17. Jahrhunderts. Zuhauf zogen Bettler durchs Land, die Kleinkriminalität stieg. Der katholischen Obrigkeit waren die unkontrollierbaren Elemente ein Dorn im Auge. Und plötzlich, mit einem Hagelunwetter oder ein, zwei verendeten Kühen, brachte jemand das Gerücht in Umlauf, sie hätten sich unter Führung des »Zauberer Jackl« dem Teufel angeschlossen, vergifteten Wasser, Vieh und Feldfrüchte. Es kam zu Festnahmen. Jemand beschuldigte unter Folter einen Bekannten, der wiederum eine Familie, so schwoll der Fall zu einer Lawine an.

Da im Rathaus die Zellen überquollen, adaptierte man einen alten Turm der Befestigungsmauer als Gefängnis für Verdächtige aus dem ganzen Land. Eine der Geschichten, die sich um den Ort des Grauens rankt: »Hexen« seien in aufgehängten Kesseln gefangen gehalten worden. So wollte man verhindern, dass ihre Füße den Boden berührten und sie sich in Luft auflösen könnten. Die folgenden Hexenprozesse gelten als die grausamsten auf dem Territorium des heutigen Österreich. Bis 1690 fanden 138 Beschuldigte den Tod durch Erdrosseln, Enthaupten und Verbrennen.

Wie Historiker anhand der Gerichtsakten rekonstruiert haben, waren vier Fünftel männlichen Geschlechts, zwei Drittel unter 21 Jahre alt, das jüngste Opfer zehn Jahre. Fast alle stammten aus den unteren sozialen Schichten. Vom Jackl hat man nie wieder etwas gehört.

Adresse Paris-Lodron-Straße 16/Wolf-Dietrich-Straße 19, A-5020 Salzburg | **ÖPNV** Buslinien 2, 4, 21, 22, Haltestelle Wolf-Dietrich-Straße | **Tipp** Jeden letzten Freitag im Monat bietet Fremdenführerin Sabine Rath eine Spezialführung an die dunklen Orte der Salzburger Geschichte an (Tel. +43 (0)664/2016492, www.tourguide-salzburg.com).

SALZBURG

50__ Die Katakomben

Inspiration am Rand des Petersfriedhofs

Grabkreuze, die wie Blumen aus dem Gottesacker emporsteigen, verwunschene Gruftarkaden und die Naturkulisse des Mönchsbergs verleihen dem Friedhof St. Peter eine Aura, die schon Georg Trakl zu schwermütigen Betrachtungen inspiriert hat. Im rückwärtigen Teil bietet sich ein Anblick, wie man ihn von griechischen Bergklöstern kennt: Scheinbar ansatzlos wächst aus dem grauen Konglomeratgestein ein Kirchlein mit einem kleinen Glockenturm empor. Im Fels darüber sind Fenster auszumachen. Hier befinden sich die sogenannten Katakomben, die zu den ältesten und rätselhaftesten Teilen des Friedhofs gehören und ihren Ursprung wahrscheinlich in der Spätantike haben.

Im Zugangsbereich erinnert eine uralte Totentanz-Darstellung auf Holz an die Vergeblichkeit menschlichen Schaffens. »Wann es übel geht zu gott dich wendt / der Todt macht aller Klag ein end«, heißt es auf einer Abbildung. Den Einsiedlern, die diese Höhlen einst bewohnten, verdankt diese Stätte ihren ursprünglichen Namen »Eremitorium«. Man folgt den Spuren der Mönche und taucht in einen steil nach oben führenden Felsgang ein.

Zwei Kapellen aus dem 12. Jahrhundert bilden den Kern der Katakomben, spartanisch eingerichtet mit ein paar Bänken und einem Altar. Das spärliche Licht lässt die Überreste alter Fresken kaum zur Geltung kommen. Kein Wunder, dass sich um diesen mystischen Ort Legenden ranken. »In der Verborgenheit dieser Felsenhöhlen feierten die ersten Christen Iuvavums (Salzburgs) die heiligen Geheimnisse«, heißt es etwa auf einer Tafel. Eine andere bringt die Kapellen mit frühchristlichen Märtyrern um den Priester Maximus in Verbindung. Verbürgt ist das alles nicht. Unklar ist ferner, ob die Felshöhlen einst auch als Begräbnisstätten dienten. Die Bezeichnung Katakomben setzte sich im 17. Jahrhundert durch. Eines ist aber gewiss: Schöner als von hier oben präsentiert sich der Petersfriedhof nirgends.

Adresse St. Peter-Bezirk 1, A-5010 Salzburg, Tel. +43 (0)662/8445760, www.stift-stpeter.at | **Öffnungszeiten** Mai–Sept. Di–So 10.30–17 Uhr, Okt.–April Mi–So 10.30–15.30 Uhr | **ÖPNV** Buslinien 3, 5, 6, 7, 8, 20, 25, 28, 160, 170, Haltestelle Mozartsteg/Rudolfskai | **Tipp** Den Besuch im Stiftsbezirk St. Peter lässt man am besten im Peterskeller ausklingen, dem nach eigenen Angaben ältesten Lokal weit und breit (seit circa 800).

SALZBURG

51__Die »Katze«

Wo der Jedermann-Rufer sein Bestes geben muss

Die »Katze« – so lautet die Bezeichnung für eine Bastei der Festung Hohensalzburg, die sich weit hinunter zur Stadt schiebt. Heute spielt die einstige Verteidigungsstellung über dem Petersfriedhof eine wichtige Rolle im Schauspiel »Jedermann« von Hugo von Hofmannsthal, das seit Beginn der Salzburger Festspiele im Jahr 1920 bei Schönwetter auf dem Domplatz aufgeführt wird. Auf der »Katze« ist nämlich der vielleicht wichtigste der vier sogenannten Jedermann-Rufer postiert.

Ihr akustischer Auftritt erfolgt, wenn der hochfahrende Prasser Jedermann ein Fest feiert. Der Tod tritt von hinten auf die Bühne vor dem Salzburger Dom, und in diesem Augenblick treten die vier kräftigen Stimmen von drei verschiedenen Standorten in Aktion. Es ist eine beeindruckende Szene, wenn sich der eben noch so selbstsichere Protagonist ängstlich umblickt, weil er seinen Namen rufen hört. Er spürt, dass ihm der Tod im Nacken sitzt.

Die Regisseure der jüngsten Jedermann-Inszenierungen, Christian Stückl beziehungsweise Brian Mertes und Julian Crouch, postierten zwei stimmgewaltige Männer in den Dombögen, einen auf dem Turm der Franziskanerkirche und den vierten eben auf der Festungsbastei. Dieser benötigt die kräftigste Stimme, hat er doch die weiteste Distanz – Luftlinie 70 bis 100 Meter – zu überbrücken. Auf dem Weg nach unten darf sein Ruf nicht zu einem Krächzen verkommen oder »verhungern«. Von der Bastei schickt er sein lang gezogenes »Jeeeder-maaaaaannnn« mit bis zu 120 Dezibel Lautstärke – wie einmal gemessen wurde – über den Petersfriedhof zum Domplatz. Die Schallwelle bricht sich an den Mauern der Alten Residenz und kommt schließlich beim Publikum und beim Adressaten an. Von den hintersten Sitzreihen könnte man den Jedermann-Rufer auf der »Katze« gerade noch erblicken, wenn er sich nicht rasch zurückzieht. Mitunter wird sogar ein Casting für die akustische Schlüsselrolle im Salzburger Festspielklassiker veranstaltet.

Adresse Nahe der Mittelstation der Festungsbahn; von Dom- und Residenzplatz aus erscheint die »Katze« als Bug über dem Petersfriedhof, A-5020 Salzburg | **Öffnungszeiten** Die Bastei ist nicht öffentlich zugänglich. | **Tipp** Gute Chancen auf »Jedermann«-Karten hat, wer seine Bestellung gleich nach Erscheinen des neuen Festspiel-Programms (Herbst) aufgibt (www.salzburgerfestspiele.at).

SALZBURG

52 Das kleinste Haus Salzburgs

1,42 Meter? Kein Grund für Minderwertigkeitskomplexe!

So klein und schon ein Haus – das kommt einem in den Sinn, wenn man vor dem Gebäude Alter Markt 10a steht und den Blick über die Fassade wandern lässt. Wer die Arme ausstreckt, reicht von einem Ende zum anderen. Mit einer Breite von 1,42 Metern ist das Haus ein Salzburger Kuriosum. Entstanden ist es etwa in der Mitte des 19. Jahrhunderts, als man sich offenbar aus Platzmangel dazu entschied, ein winziges, nur wenige Meter langes Gässchen zu verbauen. In Anbetracht der Tatsache, dass Geschäftsflächen im Zentrum der Altstadt ein rares Gut darstellen, eine durchaus nachvollziehbare Entscheidung.

Ein Blick macht auch klar, warum das Häuschen keine sechs Stockwerke zu bieten hat wie die Nachbargebäude: Den meisten Platz würde einfach eine Treppe verschlingen. So hat sich der Architekt für eine Version zwischen eineinhalb und zwei Etagen entschieden. Im winzigen Mansardenzimmer läuft ein durchschnittlich gewachsener Mensch jedenfalls Gefahr, sich permanent den Kopf anzustoßen.

Ein häuslicher Minderwertigkeitskomplex ist trotzdem fehl am Platz, denn es gibt einiges zu sehen. Da ist zunächst einmal ein prächtiger Wasserspeier, halb Drache, halb Dämon, der das Steildach schmückt. Über dem Fabelwesen halten anmutige Schwibbögen die allzu übermächtigen Nachbarn auf Distanz. Zur Linken ist eine Luxusboutique untergebracht, rechts bringt ein Uhrenhersteller seine trendigen Produkte unters Volk. Und das eingequetschte Häuschen verfügt selbst auch über ein gediegenes Innenleben. Ein französischer Edeljuwelier, der für seine Pretiosen nicht allzu viel Ausstellungsfläche benötigt, ist im kleinsten Haus Salzburgs eingemietet. Durch Spiegel und raffinierte Beleuchtung werden die Juwelen effektvoll in Szene gesetzt. Schmuck und andere »Must-haves« harren auf rotem Samt der Kundschaft, die die funkelnden Kleinode nur einzeln, höchstens aber zu zweit, in Augenschein nehmen kann.

Adresse Alter Markt 10a, A-5020 Salzburg | **ÖPNV** Buslinien 3, 5, 6, 8, 20, 25, 28, 160, 170, 270, Haltestelle Rathaus | **Tipp** Die Alte fürsterzbischöfliche Hofapotheke schräg gegenüber, Alter Markt 6, verfügt über eine prachtvolle Originaleinrichtung.

SALZBURG

53__Der Kletterparcours Mülln
Gipfelgefühle für Stadtmenschen

Das Paradies beginnt gleich hinter der Müllner Pfarrkirche. – Dieses Bonmot hat nicht nur für die Anhänger der gepflegten Bierkultur im benachbarten Augustiner Bräustübl seine Gültigkeit, sondern auch für eingefleischte Kraxelfreunde. Für sie verheißen »Kogel«, »Buckel«, »Eineck«, »Einriss« und acht weitere Routen, die durch das Konglomeratgestein der Müllner Schanze führen, Abwechslung vom ziemlich kletterfreien urbanen Alltag.

Kletterhallen sind ja in den vergangenen Jahren wie Pilze aus dem Boden geschossen. Doch Kletterrouten mitten in der Stadt und mitten in der Natur, die außerdem kostenlos sind, sind die Ausnahme.

Zwölf bis 15 Meter hoch ragen die Wände an der einstigen Schanze, einem Teil des Mönchsberger Befestigungsrings, in den Himmel. Das reicht allemal, um ein paar ordentliche Griffe zu üben, sagten sich Salzburger Kletterbegeisterte und adaptierten mit öffentlicher Unterstützung den ungenutzten Fels für ihre Zwecke.

Insgesamt zwölf Routen – von einfach über mittelschwer bis sehr schwierig (6+) – sind ausgewiesen. Da sich vom porösen Konglomeratgestein Brocken lösen könnten, besteht für die Sportler Helmpflicht. Anfänger und Kinder können am Fuß der Wand Koordination und Geschicklichkeit trainieren. Tonnenschwere Bouldersteine, die extra aus einem Steinbruch in Golling herangekarrt wurden, laden zu ersten Klettererfahrungen ohne Seil und Haken ein. Das Klettern in »Absprunghöhe« ist ein guter Einstieg in den Sport, der immer mehr Zuspruch findet. Übungsgriffe und -positionen können angehende Bezwinger der Felswände auch an einer einfachen hölzernen Wand mit der Bezeichnung »Klettermeister« einstudieren. Das Gleichgewichtsgefühl lässt sich auf Slacklines trainieren. Unter den kindergerechten Kletterstationen mit phantasievollen Namen wie »Büchse der Pandora« gibt es auch einige, die Erwachsenen etliches Koordinationsvermögen abverlangen.

Adresse Kletterparcours Müllner Schanze, hinter der Müllner Kirche (Treppe hinaufsteigen), A-5020 Salzburg | **Öffnungszeiten** ganzjährig | **ÖPNV** Buslinien 7, 10, 20, 21, 27, 28, Haltestelle Bärenwirt, dann die Stiege hinauf | **Tipp** Auch am Mönchsberg (Richterhöhe) kann man Klettersportlern zusehen – oder selbst klettern.

SALZBURG

54__Die Konditorei Fürst

Nach dem »süßen« Reinheitsgebot

Es hilft nichts – an der Mozartkugel ist in Salzburg kein Vorbeikommen. Die »Mutter aller Mozartkugeln«, die vom Konditor Paul Fürst 1890 kreierte Praline, verdient aber allemal eine etwas nähere Betrachtung. Nur sie darf sich »Original Salzburger Mozartkugel« nennen.

Das Rezept und das von Süßspeisenmeister Fürst erfundene Herstellungsverfahren sind bis heute unverändert geblieben. Der zu einer Kugel geformte hellgrüne Kern aus Marzipan und ein wenig Pistazie wird mit Nougat umhüllt, auf ein Holzstäbchen gespießt und anschließend in dunkle Kuvertüre getunkt. Die Kugel ruht auf einem Brett, bis der Mantel erstarrt ist. Dann wird das Stäbchen entfernt und das Loch mit Schokolade verschlossen – et voilà! Nach diesem manuellen Verfahren werden jährlich an die drei Millionen »Original Salzburger Mozartkugeln« erzeugt.

Im Unterschied zu Billigherstellern verwendet die Salzburger Traditionskonditorei für ihre Erzeugnisse ausschließlich hochwertigste Rohstoffe, wie etwa Schokolade aus dem kreolischen Raum. Künstliche Konservierungs- und Aromastoffe sind verpönt. Der Verzicht auf solche Extras bewirkt, dass das Original weniger lange haltbar ist als die industriell erzeugte Massenware. Aus diesem Grund verkauft sie Fürst auch nur in seinen vier Salzburger Filialen – die erfreulicherweise ganz ohne Mozart-Kitsch auskommen.

Doch nicht nur die um den 100. Todestag des großen Komponisten Wolfgang Amadeus Mozart kreierte »Mutter aller Mozartkugeln« ist ein Grund, dem Stammhaus der Café-Konditorei Fürst am Alten Markt einen Besuch abzustatten. Daneben gibt es auch noch den Bach-Würfel, den Paris-Lodron-Trüffel, das Doppler-Konfekt, den Salzburger Schilling und andere Hausspezialitäten.

Mit etwas Glück ergattert man einen Platz im Freien und kann das Treiben im Auge des Tourismus-Orkans in aller Ruhe beobachten.

Adresse Café Konditorei Fürst, Alter Markt und Brodgasse 13, A-5020 Salzburg, Tel. +43 (0)662/8437590, www.original-mozartkugel.com | **Öffnungszeiten** Mo–Sa 8–21 Uhr, So 9–21 Uhr; Winter bis 20 Uhr | **ÖPNV** Buslinien 3, 5, 6, 8, 20, 25, 28, 160, 170, 270, Haltestelle Rathaus | **Tipp** Besonders ansehnlich arrangiert sind die süßen Versuchungen aus dem Hause Fürst im Verkaufslokal Ritzerbogen zwischen Churfürststraße und Universitätsplatz.

SALZBURG

55__Das Krautwächterhäusl
Wo der Henker nicht wohnte

Eine geheimnisvolle Aura umgibt das einsame Häuschen, das auf einer Wiese unterhalb des Festungsberges liegt. Halb hinter Hecken, Büschen und Bäumen gelegen, entzieht es sich genaueren Blicken der Spaziergänger und Radfahrer, die vor der Kreuzung Almgasse und Hans-Sedlmayr-Weg einen Stopp einlegen. Verständlich, dass die Leute um das offenbar so gewollt abseits stehende, alte Gebäude bald eine düstere Legende zu stricken begannen. Man brachte die Geschichte auf, dass jemand, der an so einem verwunschenen Ort lebt, einen Job ausüben müsse, der zwar notwendig sei, dem aber trotzdem ein unauslöschliches Stigma anhafte. Wie etwa ein Scharfrichter. Und so kam es, dass das Gebäude vielen Salzburgern bis heute als das »Henkerhäusl« bekannt ist.

Die Wahrheit ist viel profaner, und sie erschließt sich, wenn man das im Jahr 1829 vollendete detailreiche Salzburg-Panorama am Residenzplatz etwas genauer studiert. Dort ist das weiß getünchte Häuschen inmitten von Äckern abgebildet. Und dieses Indiz führt auf die richtige Spur.

Hunderte Jahre lang diente das Gebäude den Klosterangestellten, die die Gemüseäcker des Erzstifts St. Peter zu bewachen hatten, als Unterkunft. Vom leicht erhöht liegenden Krautwächterhäusl oder Flurwächterhäusl überblickten sie die Gemüsebeete, die offenbar Begehrlichkeiten weckten. Kraut war einst ein wichtiges Nahrungsmittel, besonders im Winter, wenn vitaminreiche Kost schwer zu haben war – und durfte an der Tafel der Mönche nicht fehlen. Dass einem Krautdieb einmal die Rübe abgeschlagen worden wäre, darüber ist nichts bekannt. Der richtige Henker lebte woanders. Heute sind die Krauthügel Vergangenheit, und die Wiese ist Teil des Landschaftsschutzgebietes Leopoldskroner Weiher. Das Häuschen ist vermietet. Und der dichte Grüngürtel, der es drei Jahreszeiten lang abschirmt, dient den Bewohnern wohl zur Aufrechterhaltung der Privatsphäre.

Adresse Almgasse 7, A-5020 Salzburg (Riedenburg) | **ÖPNV** Buslinie 25, Haltestelle Seniorenheim Nonntal | **Tipp** Einen imposanten Blick auf das Krautwächterhäusl hat man von der Festung herab.

SALZBURG

56__Die Landkartengalerie

Einer der schönsten Lesesäle des Landes

Die nach italienischem Muster gestalteten Plätze, der monumentale Dom und viele weitere Bauwerke der Stadt sind Zeugnisse des ehrgeizigen Plans von Wolf Dietrich von Raitenau, Salzburg in ein »Rom des Nordens« zu verwandeln. Dass sich der Fürsterzbischof an der Wende zum 17. Jahrhundert einen Hauch von Rom auch bildlich an die Salzach holte, und zwar in Form einer erlesenen Landkartengalerie, ist nur wenigen Salzburgern geläufig. In den 1980er Jahren wurde dieses nördlich der Alpen einzigartige kunsthistorische Juwel im Toskana-Trakt der Alten Residenz wiederentdeckt und aufwendig restauriert. Heute dient die Landkartengalerie der juristischen Universität als Lesesaal.

Inspiriert wurde Wolf Dietrich offenbar von der vatikanischen Landkartengalerie, die er in jungen Jahren kennengelernt hatte. Für das Salzburger Pendant ließ er einen 23 Meter langen und knapp sieben Meter hohen Saal mit großformatigen Karten ausschmücken. Sie zeigen Italien, Germanien, Gallien, Spanien, Sizilien, Ungarn, das Türkische Reich und die Britischen Inseln in leuchtenden Farben. Unter den kunstvollen Titelkartuschen sind Schiffe, die mit geblähten Segeln durch die Wellen pflügen, Flaggen und weitere Details zu erkennen. Die Vorlagen entstammen dem berühmten Weltatlas »Theatrum Orbis Terrarum«, den Abraham Ortelius 1570 in Amsterdam veröffentlichte. Ansichten von 22 europäischen und nahöstlichen Städten ergänzen die Landkarten-Serie. Die »Ewige Stadt« ist durch antike Bauwerke und Denkmäler besonders häufig vertreten.

Mit ihrem 90 Quadratmeter großen Bildprogramm gehört die Landkartengalerie zu den schönsten Lesesälen des Landes, vielleicht ganz Europas. Fragt sich nur, ob die Studenten der Rechtswissenschaften in diesem Ambiente genügend Konzentration zum Lernen aufbringen können. Ein flüchtiger Blick reicht, um sich in ferne Länder zu träumen …

120

Adresse Fakultätsbibliothek Rechtswissenschaften, Toskana-Trakt, Churfürststraße 1, A-5020 Salzburg | **Öffnungszeiten** täglich 9–20 Uhr; im Sommer kürzer; die Galerie ist öffentlich zugänglich. Die Bibliothek ersucht um Rücksichtnahme auf BibliotheksbenutzerInnen. Führungen sind in Ausnahmefällen und nur gegen Voranmeldung möglich: www.uni-salzburg.at/landkarten | **ÖPNV** Buslinien 3, 5, 6, 8, 20, 25, 28, 160, 170, 270, Haltestelle Rathaus | **Tipp** Etwa 100 Jahre jünger als die Landkartengalerie ist das Café Tomaselli gegenüber, wo man die ganze Palette der österreichischen Kaffeekreationen vom Einspänner über die klassische Melange bis zum »Kaffee verkehrt« kennenlernen kann.

SALZBURG

57 Der Lederbekleidungs- und Trachtenerzeuger

Von Kopf bis Fuß auf Trachten eingestellt

Was verbindet Marlene Dietrich mit Caroline von Monaco, Dietmar Schönherr mit Pablo Picasso und Kaiser Franz Joseph I. mit Louis Vuitton? Die Spur führt in ein kleines Geschäft am Salzburger Residenzplatz. Hirschbundlederhosen und Stutzen, Lederhüte, Lodenjanker und Accessoires sind das Metier des Lederbekleidungs- und Trachtenerzeugers Jahn-Markl. Seit 1408 ist das Geschäft, die älteste Gerberei Salzburgs, in Familienbesitz. Zu Festspielzeiten wird der nur wenige Quadratmeter kleine Laden zum inoffiziellen Prominenten-Sammelplatz an der Salzach. Flott muss es gehen – hier eine Anprobe im Hotel »Goldener Hirsch«, dort müssen noch Muster auf die handgefertigte Salzburger Lederhose gestickt werden.

Das traditionsreiche Geschäft ist einer der Hotspots, die das Verhältnis der Salzburger und ihrer Besucher zur Mode und insbesondere zur alpenländischen Version, der Tracht, immer wieder neu definieren. Zu studieren ist dieser Mechanismus anhand der Auftritte von Marlene Dietrich in den 1930er Jahren. »Ich kann nicht singen, also muss das, was ich trage, eine Sensation sein«, sagte die charismatische Diva einmal. Die Klatschpresse spekulierte, was sie bei ihrem Salzburg-Besuch tragen würde – ein elegantes Kostüm mit Nerz vielleicht? Als sie dann im Café Bazar, bei den Festspielen und am Wolfgangsee im Lodenanzug sowie im Trachtenkostüm mit flottem Hütchen auftrat, war die Überraschung riesig. So kam es, dass die Bilder der Stilikone dem Trachtenlook international einen Schub verliehen und die Dietrich nebenbei auch Salzburg »auf Tracht einstellte«. Eingekauft hat sie unter anderem bei Jahn-Markl, wie eine Unterschrift im Geschäftsbuch belegt.

Bis heute tragen Künstler und Festspielbesucher zur Popularisierung der Tracht bei – und lassen sich umgekehrt in Salzburg von ihr inspirieren.

122

Adresse Residenzplatz 3, A-5020 Salzburg, Tel. +43 (0)662/842610, www.jahn-markl.at | **Öffnungszeiten** täglich 9.30–18 Uhr, Sa 9.30–15 Uhr | **ÖPNV** Buslinien 3, 5, 6, 7, 8, 20, 25, 28, 160, 170, Haltestelle Mozartsteg/Rudolfskai | **Tipp** Das Salzburger Heimatwerk am Residenzplatz 9 schräg gegenüber führt eine große Auswahl traditioneller und topmoderner Trachten. Sehenswert ist die Trachtenschau im Untergeschoss.

SALZBURG

58 Das Literaturhaus

Erlesenes in altehrwürdigen Räumen – und davor

Stefan Zweig, H. C. Artmann, Thomas Bernhard, Peter Handke und weitere Schriftsteller-Größen haben wichtige Schaffensjahre in Salzburg verbracht. Das Literaturhaus Salzburg bemüht sich, das Feuer weiterzugeben, und bietet Autoren eine Plattform, um sich und ihre Werke zu präsentieren. Das Programm an Buchvorstellungen, Diskussionen und Events ist dicht und hochkarätig, auch der Jazz findet hier eine Heimat.

Bereits zu Mozarts Zeiten ging es an diesem Ort hoch her. Leopold Mozart schrieb, dass hier eine »Art von Kasino«, Bälle, Gastmahle und Hochzeitsfeste über die Bühne gingen. Heute steht das ehemalige Wirtshaus unter Denkmalschutz. Gänge und der Eingangsbereich sind zum Teil noch mit Platten aus Adneter Marmor aus der Entstehungszeit um 1600 ausgelegt. Die Säle mit ihren prachtvollen Kassettendecken aus dem frühen Barock bieten ein einzigartiges Ambiente für Lesungen. Auch internationale Größen vom Kaliber eines Allen Ginsberg und einer Herta Müller bestiegen einst das Podium, um aus ihren Werken vorzutragen.

Angehende Autoren finden bei den Vereinen im Literaturhaus Unterstützung in Form von Manuskript-Beratung und Schreibwerkstätten. Gleich zwei Literaturzeitschriften dienen der Bekanntmachung neuer Talente. In der Präsenzbibliothek wird gehortet, was Autoren mit Salzburg-Bezug zu Papier gebracht und wie sie die Stadt erlebt haben. Die Mediathek wiederum bietet die Möglichkeit, Lesungsmitschnitte oder die legendären Interviews eines schlecht gelaunten Thomas Bernhard in Ton beziehungsweise Bild und Ton abzurufen. Im September laden die Literaturfreunde zu geführten »liteRADtouren« durch die Trakl-Stadt ein. Originell ist auch die »Büchertankstelle«: Eine umgebaute Telefonzelle, die als Tauschplatz für gebrauchte Bücher offen steht. Wen also mitten in der Nacht ein dringendes Lesebedürfnis überfällt, der kann sich kostenlos bedienen.

Adresse Eizenbergerhof, Strubergasse 23/H.-C.-Artmann-Platz, A-5020 Salzburg (Lehen), Tel. +43 (0)662/422411, www.literaturhaus-salzburg.at | **Öffnungszeiten** Mo–Do 9–17 Uhr, Fr 9–12 Uhr, Mediathek mit Ton- und Bilddokumenten: Do 11–14 Uhr | **ÖPNV** Obus 7, Haltestelle Strubergasse, Obus 24, Haltestelle Wallnergasse, Obus 2, Haltestelle Gaswerkgasse, Obus 4, Haltestelle Aiglhof sowie S-Bahn S 2 und S 3, Haltestelle Mülln-Altstadt oder Aiglhof, jeweils 5 Gehminuten | **Tipp** Verbinden lässt sich der Besuch im Eizenbergerhof mit einem Spaziergang auf dem Mönchsberg, der Peter Handke und viele weitere Schriftsteller literarisch höchst inspiriert hat.

SALZBURG

59__Der Lüpertz-Mozart

Irritierendes am »Walk of Modern Art«

Ein weiblicher, muskulöser Torso mit einem Kopf, der an klassische Mozart-Porträts erinnert. Ein Gesicht, dem ein kreideweißer Teint, rote Lippen und ein Schönheitsmal einen höchst eigenwilligen Ausdruck verleihen. Mit dem Kunstwerk »Mozart – eine Hommage« sorgte der deutsche Bildhauer Markus Lüpertz 2005 für Irritationen in Salzburg. Es dauerte nicht lange, bis ein Moralapostel wegen »Verunglimpfung eines Genies« zum Farbtopf griff und die drei Meter hohe Bronzefigur verunzierte. Die Aufregung hat sich längst gelegt, aber die Figur des »weiblichen« Mozart am Ursulinenplatz zeichnet nach wie vor etlichen Betrachtern fragende Blicke ins Gesicht.

Der Lüpertz-Mozart ist Teil des »Walk of Modern Art«. Dieses 2002 begonnene und 2011 abgeschlossene Kunstprojekt bietet Kunstinteressierten die Möglichkeit, Salzburg aus der Perspektive namhafter zeitgenössischer Künstler zu entdecken. Die Initiative dazu kam von der privaten »Salzburg Foundation«. Manche Kunstwerke sind sehr sichtbar im Stadtbild wie das Stühle-Ensemble der Performance- und Videokünstlerin Marina Abramović an der Staatsbrücke, der Mann auf der Goldenen Kugel von Stephan Balkenhol (»Sphaera«) am Kapitelplatz oder der Anselm-Kiefer-Pavillon gegenüber dem Festspielhaus.

Andere finden sich an Orten, wo man eine Begegnung mit Kunst nicht unbedingt erwartet. Dazu zählt etwa Mario Merz' Installation »Ziffern im Wald« am Mönchsberg. Alle Kunstwerke sind zu Fuß leicht erreichbar und frei zugänglich. Gemeinsam ist ihnen auch, dass sie der Weltkulturerbe-Stadt Salzburg neue Facetten geben – und manchmal eben polarisieren.

Apropos: Dass Mozart schon immer für eine Erregung gut war, beweisen die Proteste anlässlich der Aufstellung des ersten Mozart-Denkmals im Jahr 1842. In einer Streitschrift wurde angeprangert, dass der Michaelsbrunnen dem »Denkmal eines Trunkenbolds«, wie es hieß, weichen müsse.

Adresse Ursulinenplatz, A-5020 Salzburg, www.salzburgfoundation.at | **ÖPNV** Buslinien 1, 4, 7, 8, 20, 21, 22, 24, 27, 28, Haltestelle Mönchsbergaufzug | **Tipp** Jeden ersten Samstag im Monat findet eine öffentliche Führung (14 Uhr, Treffpunkt Anselm-Kiefer-Pavillon/Furtwänglergarten) auf dem »Walk of Modern Art« statt. Nur mit Anmeldung: Tel. +43 (0)664/4968011.

SALZBURG

60__ Das m32-Panoramacafé

Wo Kunst auf die Geweihe genommen wird

Der schönste Weg, sich in Salzburg sein Frühstück zu verdienen, führt einen über den Mönchsberg. Man muss nur seinen morgendlichen Schweinehund überzeugen und von Mülln oder von der Altstadt aus das Ziel streng anvisieren, sich in Bewegung setzen und nicht mehr aufhören, bis das m32-Panoramacafé erreicht ist.

Um neun Uhr wird aufgesperrt. Um diese Zeit ist das m32 im Komplex des Museums der Moderne ein Café und kein Gourmetrestaurant und auch kein In-Treff. Während das Early-Bird-Special nach Wahl zubereitet wird, kann man sich in Ruhe den allerschönsten Terrassen-Platz aussuchen und beobachten, wie das Altstadt-Panoptikum im Licht des Vormittags an Konturen gewinnt.

Für einen noch gemächlicheren Start in den Tag empfiehlt es sich dagegen, einen Platz auf den roten Lederbänken im rückwärtigen Teil des Lokals anzusteuern. Bei unaufdringlicher Lounge-Musik kann man in aller Ruhe Zeitungen lesen, das Angebot an Kunstbüchern durchstöbern oder einfach nur die Atmosphäre aufsaugen.

Gute Laune macht auch die ziemlich originelle Einrichtung. Immer wenn man einen Schluck vom Apfel-Karotten-Ingwer-Saft zu sich nimmt, wandert der Blick zu den Hunderten Hirschgeweihen, die von der Decke hängen. Ineinander verschränkt und mit Lichteffekten kombiniert hat die kokette Hörner-Kette der Star-Architekt Matteo Thun. Die »Lusterweibchen«-Installation zieht sich vor rotem Hintergrund durch den Raum, akzentuiert die Glasfronten und den hellen Sichtbeton. Für naturnahe visuelle Effekte sorgen auch die Vasen mit Geweihen und Astwerk.

Eine Verspiegelung an der hinteren Längswand sorgt dafür, dass niemandem verborgen bleibt, was ein paar Schritte weiter an Landschaftskino geboten wird. Übrigens für viele Besucher der Grund, gerade hierherzukommen. Andere locken die Kunstwerke im Museum der Moderne. Aber darauf muss man sich auch erst mal einstimmen, am besten mit einem weiteren Kaffee.

Adresse Restaurant m32, Mönchsberg 32, A-5020 Salzburg, Tel. +43 (0)662/841000, www.m32.at | **Öffnungszeiten** Di–So 9–1 Uhr, zu Festspielzeiten auch Mo | **ÖPNV** Mönchsbergaufzug ab Bushaltestelle Mönchsbergaufzug | **Tipp** Ein intensives Wechselspiel von Licht und Stimmungen beim Anbruch der Nacht bietet die begehbare »Sky Space«-Installation von James Turrell gleich neben dem Museumskomplex.

SALZBURG

61__Der Makartsteg
Liebesschwüre in hundertfacher Ausfertigung

Es gibt sie in Rom und Paris, in Helsinki und in Berlin, in Graz und in Innsbruck – und seit gar nicht allzu langer Zeit auch in Salzburg. Die Rede ist von den Liebesschlössern, die an Brücken in praktisch jeder größeren Stadt Europas die ewige Verbundenheit von Frischverliebten dokumentieren.

An der Salzach manifestiert sich der urbane Trend am Makartsteg, der durch die unzähligen Vorhängeschlösser ein neues Flair bekommen und sicher um ein paar 100 Kilo Metallgewicht zugelegt hat. Ihr Namensgeber, der Maler Hans Makart, hatte für Pathos und Sinnlichkeit übrigens einiges übrig.

Lange hat es gedauert, bis die Mode auch nach Salzburg überschwappte. Im Mai 2011 vermerkte eine amtliche Zählung des Magistrats genau 42 Schlösser auf der schönsten, nur Fußgängern vorbehaltenen Verbindung zwischen den beiden Stadthälften. Und man beschloss, den metallgewordenen Liebesschwüren von Anita & Edi, John & Cristina und allen anderen Pärchen Einhalt zu gebieten. Der Bolzenschneider kam zum Einsatz. Die Liebesschlösser wurden abgezwickt und entsorgt. Umsonst. Bald sprossen wieder die ersten »I love you«-Bekenntnisse am Maschendrahtzaun. Die Stadtverwaltung erkannte, dass gegen die Liebe kein Kraut gewachsen ist – von der schlechten PR für die Stadt mal abgesehen, die sich gern als romantischer Hotspot präsentiert.

Mittlerweile säumen Hunderte Schlösser die geschwungene Brücke. Die meisten sind aus Messing, manche leuchten in der Farbe der Liebe, und auch ein paar alte und rostige bereichern den Schlösser-Wald. Von einigen Fahrradschlössern weiß man nicht, ob sie als ironisches Statement gemeint sind. Fragt sich nur, was mit den Schlüsseln passiert. Es würde nicht verwundern, wenn sich einen Stock unter dem Steg ein wahrer Schlüsselfriedhof befände. Und was, wenn man die Liebe wieder beschwören möchte und im dichten Wald genau das richtige wiederfinden muss?

130

Adresse Zwischen Franz-Josefs-Kai (Höhe Ferdinand-Hanusch-Platz) und Elisabethkai, A-5020 Salzburg | **ÖPNV** Buslinie 1, 3, 4, 5, 6, 21, 22, 25, 27, 160, 170, Haltestellen Makartplatz oder Theatergasse, Buslinien 1, 4, 5, 7, 8, 20, 21, 22, 27, 28, Haltestelle Ferdinand-Hanusch-Platz | **Tipp** Nur wenige Meter vom Makartsteg (linkes Ufer) entfernt kann man die »Amadeus Salzburg« oder den neuen Amphibienbus besteigen und Salzburg vom Wasser aus erkunden (April bis Oktober).

SALZBURG

62 Das Marionettentheater

Nirgendwo tanzen die Puppen anmutiger

Wenn im Salzburger Marionettentheater der Vorhang hochgeht, wird der Besucher Zeuge eines ungewöhnlichen poetischen Ereignisses. Das Auge stellt sich auf die Bühnenöffnung ein, die kleiner ist als gewohnt. Musik ist zu hören, und dann schweben die Hauptdarsteller auf die Bühne: Puppen, die von Marionettenspielern meisterhaft an Fäden geführt werden. Die etwa 70 Zentimeter großen Geschöpfe agieren zu den Arien aus Mozarts »Zauberflöte« oder zur Musicalfassung von »The Sound of Music«. Schon bald vergisst der Zuschauer, dass er hier »nur« Puppen sieht und keine Menschen aus Fleisch und Blut.

1913 wurde das Theater gegründet. Anfangs machte man sich mit Kasperl-Aufführungen einen Namen. Ab 1926 erfuhr das Repertoire eine Erweiterung um Märchen und Opern, eingespielt mit Sprechern und Livemusik. Nach der Erfindung des Tonbands begann in den 1950er Jahren die Weltkarriere des Salzburger Marionettentheaters. Tourneen in die USA, Südamerika und Europa brachten dem Ensemble hymnische Kritiken für seine poetischen Gesamtkunstwerke ein.

Nichts wird dem Zufall überlassen. Ein Regisseur inszeniert die Stücke, ein Choreograf erarbeitet den tänzerischen Teil. Die Puppen werden im Haus angefertigt – von der Perücke bis zur Schuhschnalle. Nur die Köpfe werden bei Bildhauern in Auftrag gegeben. Die Musik stammt von renommierten Orchestern und Solisten. Ihre Musikalität macht die Salzburger Marionetten unverwechselbar. Perfekt wird die Illusion durch die hohe Kunst der Spieler. Die Feinmotorik ihrer Hände vermag es, die Puppen mit Gefühlen wie Trauer, Wut oder Freude auszustatten. Ein Mann, der erstarrt und sich zornentbrannt umdreht, ein Wolf, der sich anpirscht – alldem kann der Zuseher, egal, ob groß oder klein, intuitiv folgen. Das Repertoire umfasst unter anderem fünf Mozart-Opern, Shakespeares »Sommernachtstraum« sowie die Kinderoper »Peter und der Wolf«.

132

Adresse Salzburger Marionettentheater, Schwarzstraße 24, A-5020 Salzburg, Tel. +43 (0)662/872406, www.marionetten.at | **Öffnungszeiten** Informationen zu den Aufführungen gibt die Homepage | **ÖPNV** Buslinien 1, 3, 4, 5, 6, 21, 22, 25, 27, 160, 170, Haltestellen Makartplatz oder Theatergasse | **Tipp** Zum Kennenlernen sind die einstündigen Kurzprogramme am Nachmittag empfehlenswert. Eine Marionettenausstellung ist auf der Festung Hohensalzburg zu sehen.

SALZBURG

63___Die Marmorstiege
Auf dem Weg zum Jawort grüßen die Putten

Wenn es um den Marmorsaal im Schloss Mirabell geht, so geraten die Heiratsenthusiasten ins Schwärmen: »Der schönste Trauungssaal Mitteleuropas« ist noch eine der weniger poetischen Umschreibungen.

In einem Ambiente aus Stuck und Blattgold, in dem schon das musikalische Wunderkind Mozart Konzerte gab, den Bund der Ehe zu schließen, ist weit über Salzburg hinaus begehrt. Kein Wunder, dass für eine einzelne Zeremonie nicht besonders viel Zeit bleibt. Umso mehr ein Grund, den fast noch schöneren Weg zum Jawort etwas in Augenschein zu nehmen. Er führt über die Marmorstiege (auch Donnerstiege) hinauf zum Standesamt.

Das in den 1720er Jahren errichtete Treppenhaus ist ein Meisterwerk des Barockbaumeisters Lukas von Hildebrandt und des Bildhauers Georg Raphael Donner. Die in die Wände eingelassenen Nischen zieren mythologische Figuren – eine davon zeigt pikanterweise Paris, der mit dem Raub der schönen Helena, einer verheirateten (!) Frau, den Trojanischen Krieg ausgelöst haben soll. Die üppig verzierte Balustrade ist aus Marmor. Ihre auffälligsten Elemente sind die turnenden Putten. Gut gelaunt geleiten die pausbäckigen Knaben die Heiratsgesellschaft die Stiege hinauf. Aber hallo, was ist denn das? Da wagt es doch glatt der Erste aus der Riege, sich an den Kopf zu deuten. Allgemein bedeutet das »Bei dir piept's wohl!«. Eine mehr als interessante Einlassung für den Beginn eines Weges, der im Jawort enden soll. Ob der Bildhauer das als Botschaft gemeint hat? Für alle Fälle sollte man einem Engelchen einen Klaps auf den Hintern geben – das soll Glück bringen. Ihr Glück finden im Marmorsaal übrigens auch gleichgeschlechtliche Paare. Salzburg zählte zu den ersten Städten Österreichs, die den begehrtesten ihrer Hochzeitsorte auch homosexuellen Paaren ohne Wenn und Aber für eine feierliche Zeremonie (eingetragene Partnerschaft) zur Verfügung stellten.

Adresse Schloss Mirabell, Mirabellplatz 4, Westtrakt, A-5020 Salzburg | **Öffnungszeiten** Besichtigung Marmorstiege: täglich 8–18 Uhr, Marmorsaal: Mo, Mi, Do 8–16 Uhr, Di, Fr 13–16 Uhr, keine Besichtigung bei Sonderveranstaltungen | **ÖPNV** Buslinien 1, 2, 4, 3, 5, 6, 21, 22, 25, 32, 120, 130, 131, 140, 141, 150, 152, 154, Haltestelle Mirabellplatz | **Tipp** Das Ambiente des Marmorsaals kann man auch bei einem Konzert (Termine unter www.schlosskonzerte-salzburg.at) oder im Rahmen einer Stadtführung genießen.

SALZBURG

64__Der McDonald's-Löwe

Alt und Neu verträgt sich gut in der Getreidegasse

Wer im Gewühl der Getreidegasse sein Geschäft betreibt, muss mit besonderen Mitteln um Aufmerksamkeit buhlen. Gegen Leuchtschriften hat die Stadt nämlich etwas. So bewähren sich als Werbeträger und Blickfang seit eh und je die kunstvollen »Reklameschilder«, die an nicht weniger kunstvollen schmiedeeisernen Wandarmen montiert sind und weit in die Gasse hineinragen. Sie sind die eigentliche Attraktion in Salzburgs Parade-Einkaufsstraße und erzählen überdies Geschichten von einer sich verändernden Geschäftswelt. Hervorgegangen sind sie aus Zunftzeichen, die den Leseunkundigen anzeigten, wo sie welche Waren und Dienstleistungen erwarten durften. Eines der interessantesten Beispiele ziert die Fassade des Hauses Getreidegasse 26 – der McDonald's Löwe.

Seit 1414 wurde an dieser Adresse Bier erzeugt und ausgeschenkt, 460 Jahre lang. 1639 bekam der »Gasthof zum Goldenen Löwen« sein prachtvolles Schild mit dem Brauereizeichen und dem König der Tiere darüber. Daran änderte sich nichts, als das Gebäude mit einem Besitzerwechsel zum Mödlhammer-Bräu wurde. Wenn die Historiker richtigliegen, so dürfte 1897 die erste öffentliche Filmvorführung in Salzburg in den Räumlichkeiten der Traditionsgaststätte über die Leinwand geflimmert sein. 1974 sperrte die Brauerei zu, nach verschiedenen Zwischennutzungen zog die Welt der Hamburger und Pommes frites ein.

Und weil es nicht so einfach ist, alte Traditionen so ziehen zu lassen – und außerdem schade, ein derart gediegenes Schild wie altes Eisen zu entsorgen –, fand man eine salomonische Lösung für die gassenseitige Präsentation. Das Brauereizunftzeichen wurde um das »M« der amerikanischen Fast-Food-Kette in der Mitte ergänzt und bewährt sich seitdem als Kombination von traditionellem und modernem Geschäftslogo. Dass sich Alt und Neu gut vertragen, beweist auch das Geschäftsschild einer spanischen Modekette ein paar Häuser weiter.

Adresse Getreidegasse 26, A-5020 Salzburg | **ÖPNV** Buslinien 1, 4, 5, 7, 8, 20, 21, 22, 27, 28, Haltestelle Ferdinand-Hanusch-Platz | **Tipp** Den Löwenanteil der Reklameschilder in der Getreidegasse hat die Schlosserei Wieber, Getreidegasse 28, hergestellt. Im Innenhof und im Durchgang sind ansehnliche Beispiele der Schmiedekunst zu bewundern.

SALZBURG

65__Das Mechanische Theater
Und wieder eins auf den Kopf

Der Hammer hebt sich und saust herab auf den Kopf des Stiers. Das Tier geht in die Knie und scheint sein Leben auszuhauchen, bevor es sich plötzlich wieder aufrappelt. Erneut schwingt der Metzger seinen Hammer, und das Schauspiel startet von Neuem. Von all den Wasserautomaten in Schloss Hellbrunn hinterlässt das Mechanische Theater den größten Eindruck. Nicht weniger als das Leben einer barocken Kleinstadt steht auf dem Spielplan. Hier rühren Braumeister in einem Sudkessel, dort wird ein Brunnen gebohrt. Zwei Soldaten exerzieren auf und ab, ein Bär wiegt sich zur Musik eines Orchesters, ein Barbier verpasst unter seinem Zunftzeichen einem Kunden eine Rasur.

Ein Hebelgriff, und schon setzt sich der mit einem Wasserrad betriebene Tanz in Bewegung. Drahtzüge geben die Bewegungen an die Lindenholz-Figuren weiter, von denen sich nur 21 nicht bewegen. Die übrigen 149 fügen sich in die ausgeklügelte Choreografie, die ihnen der Halleiner Salinenarbeiter Lorenz Rosenegger vor 260 Jahren zugedacht hat. Seit einer umfangreichen, im Jahr 2012 abgeschlossenen Restaurierung präsentiert sich das Mechanische Theater – wie der Rest des Schlosses beinahe im Originalzustand erhalten – wie neu. Bestens gestimmt ist auch wieder das Orgelwerk, welches das Klappern und Rattern übertönt. Zu einem Choral von J. E. Eberlin, dem Duett »Reich mir die Hand, mein Leben« von W. A. Mozart oder dem Handwerkerlied »Ohne Rast, angepackt« von D. F. Auber gehen Vertreter aller Berufsstände vom Barbier bis zum Dachdecker an die Arbeit.

Der Schöpfer des mehrstöckigen Barock-Panoptikums hat jede Menge Sozialgeschichte in sein Theater verpackt: Je weiter oben die Figuren angesiedelt sind, desto untätiger sind sie. Der Edelmann beschränkt sich darauf, den Humpen zum Mund zu führen, die Dame am Balkon fächert sich Luft zu. Ein Fernglas leistet gute Dienste, um all die witzigen Details zu studieren.

Adresse Schloss Hellbrunn, Fürstenweg 37, A-5020 Salzburg, Tel. +43 (0)662/8203720, www.hellbrunn.at | **Öffnungszeiten** April, Okt., Nov. täglich 9–16.30 Uhr, Mai, Juni, Sept. täglich 9–17.30 Uhr, Juli und Aug. täglich 9–21 Uhr | **ÖPNV** Buslinie 25 ab Hauptbahnhof, Haltestelle Fürstenweg | **Tipp** Wer mit Kindern die Hellbrunner Wasserspiele besucht, sollte für die Kleinen unbedingt Ersatzkleidung bereithalten. Sehenswert sind auch die Kunstwerke und -sammlungen im Schloss.

SALZBURG

66__Der Messermacher Kappeller
Scharfes mit Stil

Dass Handwerk immer noch goldenen Boden haben kann, stellt der mit Preisen geradezu überhäufte Salzburger Messermacher Richard Kappeller unter Beweis. Zu seinem Beruf kam er vor zehn Jahren eher zufällig. Er wollte ein Messer kaufen, fand kein passendes und machte eben selbst eines. Daran fand er solchen Geschmack, dass er nach seiner Ausbildung am Holztechnikum in Kuchl sein Hauptmaterial einfach wechselte und auf Stahl umstieg. Bereits ein Jahr später, 2003, kürten die Experten der internationalen Fachmesse in Solingen das mit Kunstharz ausgegossene Maiskolben-Messer des Quereinsteigers zum »Messer des Jahres« in der Kategorie »Innovation«.

Ein Kappeller-Messer wird zuerst auf dem Papier entworfen. Für die groben Arbeiten, wie das Ausschneiden des Messers und das Härten des Stahls, wird Hightech eingesetzt. Alles andere ist klassische Handwerksarbeit. Jede Rundung, jede Kante und jedes Muster wird mit Feile und Schleifpapier so lange bearbeitet, bis Technik und Design optimal aufeinander abgestimmt sind. Kappeller nutzt unterschiedlichste und teils ungewöhnliche Materialien. Der Messermacher kreiert aus uraltem Mammut-Elfenbein einen ebenso ästhetisch und technisch ausgereiften Griff wie aus einem Narwalzahn, aus Stein oder aus Holz. Beinahe jedes Stück ist ein Unikat, Kleinserien werden hin und wieder produziert. Einen ersten Eindruck verschafft man sich am besten im Internet. In Kappellers Geschäft in der Getreidegasse kann man die edlen Messer in Augenschein nehmen und testen, wie sie in der Hand liegen.

Auch aus der Werkstatt eines Messermachers, in der ruhig und konzentriert gearbeitet werden muss, gibt es mitunter launige Geschichten zu erzählen: Eines Tages ging eine sonderbare Bestellung ein. Ein werdender Vater hatte es sich für die Geburt seines Sohnes vorbehalten, die Nabelschnur nur mit einem exklusiven Kappeller-Messer zu durchtrennen.

Adresse Getreidegasse 25, Durchhaus, A-5020 Salzburg, Tel. +43(0)662/931601, www.messermacher.at | **Öffnungszeiten** Mo 14–18 Uhr, Di–Sa 10.30–13.30 Uhr und 14–18 Uhr | **ÖPNV** Buslinie 1, 4, 8, 22, Haltestelle Herbert-von-Karajan-Platz | **Tipp** In der Café-Konditorei Schatz, Getreidegasse 3/3a, kann man sich hervorragend mit Mehlspeisen und Torten verwöhnen.

SALZBURG

67 Der Mönchsbergaufzug
Einst Vorbild für den Big Apple

Will man den Mönchsberg Schritt für Schritt erobern und dabei etwas für die Fitness tun? Oder geht es darum, dem Trubel der Stadt möglichst schnell zu entkommen? Dann ist man mit dem Aufzug gut beraten, der die 60 Höhenmeter auf den beliebtesten Hausberg der Salzburger in 30 Sekunden überwindet.

Die Geschichte dieses Aufzugs geht bis in die 1880er Jahre zurück, als um die Erschließung der für den Tourismus immer bedeutenderen Stadtberge ein regelrechter Wettlauf einsetzte. Als Erster bekam der Gaisberg 1887 eine Aufstiegshilfe in Form einer Zahnradbahn (eingestellt 1928). Dann fasste der Salzburger Unternehmer und Privatbankier Karl Leitner den Plan, das Mönchsberg-Plateau durch einen elektrisch betriebenen Aufzug an die Innenstadt anzubinden. Ein Gebäude in der Gstättengasse wurde erworben und zur Talstation umfunktioniert, ein Metallgerüst außen am Konglomeratfelsen montiert und mit zwei Kabinen (je acht Sitz- und vier Stehplätze) versehen. Seine Premiere feierte der Panoramalift im August 1890. Zwei Minuten dauerte die Fahrt nach oben, wo ein Restaurant und ein Aussichtsturm die Ausflügler erwarteten. Beflügelt vom Mega-Erfolg des Panoramaaufzugs ließ sich 1892 das schon lange diskutierte Projekt einer Bahn auf die Festung Hohensalzburg realisieren.

Mit 60 Metern Höhe war der historische Mönchsbergaufzug zu seiner Zeit der höchste in Europa. Angeblich diente er sogar als Vorbild für Panoramalifte an Wolkenkratzern in New York. Der Lift, der an der Wand des Mönchsbergs auf- und abglitt, gehörte bis 1948 zum Stadtbild. Im Zuge des Umbaus des Terrassen-Restaurants zum Grand Café Winkler wurde er ins Innere des Berges verlegt. An den Außenaufzug erinnern die noch heute in der Felswand des Mönchsbergs sichtbaren metallenen Verankerungen. Die bis dato letzte Modernisierung erfolgte im Zusammenhang mit dem Neubau des Museums der Moderne vor wenigen Jahren.

142

Adresse Mönchsbergaufzug, Gstättengasse 13, A-5020 Salzburg | **ÖPNV** Buslinien 1, 4, 7, 8, 20, 22, 24, Haltestelle Mönchsbergaufzug | **Tipp** Das künstlerisch gestaltete Portal ist einen Blick wert, bevor es nach oben geht.

SALZBURG

68 Die Mönchsberggarage
Parken im Bunker ist heiß begehrt

Wenn sich im Sommer Regen einstellt und Abertausende Urlauber im Umkreis von 100 Kilometern zu einem Kultur- und Sightseeingtrip in die Stadt Salzburg aufbrechen, ist der Verkehrskollaps vorprogrammiert. Die Zufahrten sind verstopft, auf den engen Straßen gibt es weder für Pkw noch für Busse ein Durchkommen. Spätestens dann ist ein Parkplatz in der altstadtnahen Mönchsberggarage Gold wert. Die in den Konglomeratfelsen getriebenen Hohlräume sind aber auch aus historischer Sicht einen Blick wert.

Betritt man die sogenannte Altstadtgarage B etwa über den Toscanini-Hof, schlägt einem bereits aus einigen Metern Abstand ein modriger Geruch entgegen. Über einen grob behauenen Tunnel geht es zum Parkdeck, vorbei an beleuchteten Schaufensterkästen, in denen Altstadt-Betriebe ihre Produkte und Dienstleistungen präsentieren. An den Wänden sprießt Moos, an manchen Stellen glitzert der Fels vor Feuchtigkeit. Alles ist vorbildlich beleuchtet und ausgeschildert, und doch beschleicht einen ein beklemmendes Gefühl. Wohl nicht von ungefähr, denn ihren Ursprung haben die Garagen im Zweiten Weltkrieg, als zum Schutz der Bevölkerung vor Luftangriffen Stollen tief in den Mönchsberg, den Kapuzinerberg und den Rainberg getrieben wurden.

Als 30 Jahre später der Individualverkehr die Altstadt zu überfluten begann, entsann man sich der ungenutzten Hohlräume im Mönchsberg. Man setzte schweres Gerät ein und verwendete Felsanker sowie Spritzbeton, um die Kavernen zu erweitern und zu stabilisieren. 1975 wurden die Altstadtgaragen im Mönchsberg offiziell eröffnet. Da die fahrbaren Untersätze seither größer geworden sind, stehen statt der ursprünglich 1.470 heute nur mehr 1.300 Plätze zur Verfügung. Seit 2012 avisiert ist das Vorhaben, noch mal zwei viergeschossige Kavernen aus dem Mönchsbergfels herauszukratzen und 650 weitere Parkplätze zu schaffen. Der Widerstand dagegen ist jedoch zäh, einen Termin für die Umsetzung gibt es noch nicht.

144

Adresse Hildmannplatz, A-5020 Salzburg, Tel. +43 (0)662/809900 | **Öffnungszeiten** immer | **ÖPNV** Buslinien 1, 4, 8, 22, Haltestelle Herbert-von-Karajan-Platz | **Tipp** In Geschäften und Restaurants der Altstadt mit dem orangen Parkaufkleber werden die Parktickets »gelocht«, man parkt zu einem günstigeren Tarif.

SALZBURG

69 __ Die Morzger Faistauer-Fresken

Kunstschatz der Zwischenkriegszeit

Die bildende Kunst hatte nach 1918 einen schweren Stand. Mit dem Tod von Gustav Klimt, Egon Schiele und Koloman Moser waren die wichtigsten kreativen Zugpferde weggefallen, für öffentliche Aufträge hatte das geschrumpfte und darbende Österreich kaum Geld zur Verfügung. Dass jedoch auch in den frühen Zwischenkriegsjahren außergewöhnliche Kunstwerke entstanden, zeigt etwa ein Beispiel im südlichen Salzburger Stadtteil Morzg.

Hier setzte sich der kunstsinnige Pfarrer Franz Vatterodt auch gegen Widerstände aus den eigenen Reihen mit seinem Wunsch durch, das Gewölbe der Pfarrkirche zum heiligen Vitus von Anton Faistauer ausgestalten zu lassen. Der Pinzgauer Maler (1887–1930) war ein Vertreter der Moderne und beteiligte sich etwa an Ausstellungen der Wiener Secession, versuchte dann aber, eine zeitgenössische Freskomalerei mit traditionellen Elementen zu entwickeln. Sein 1922 in Morzg entstandener Freskenzyklus zum Leben der Gottesmutter Maria erinnert zum einen an Renaissance-Vorbilder, wirkt aber in der Figurenzeichnung sehr modern. Fröhlich musizieren vier Engel in der Höh, die heiligen Cäcilia, die Patronin der Kirchenmusik, versah Faistauer mit einem modischen Kleid in Orangerot.

Leuchtende Rot- und Blautöne setzen die Akzente. Für die Hintergrund-Motive ließ sich der Maler von seiner Umgebung inspirieren. So ist die heilige Margareta vor der Wallfahrtskirche Maria Plain zu sehen. Auf der Flucht nach Ägypten sind Josef und Maria vor den Konturen des Watzmann abgebildet; unverkennbar auch die Salzburger Festung oder der gotische Chor der Franziskanerkirche. Die kleine Barockkirche ist überdies mit einem prachtvollen gotischen Flügelaltar, schönen alten Kirchenbänken und viel Blumenschmuck ausgestattet. Zusammen ergibt das eines der schönsten Gotteshäuser weit und breit.

146

Adresse Gneiser Straße 62b, A-5020 Salzburg, Tel. +43 (0)662/80478065, www.pfarre-morzg.at | **Öffnungszeiten** zu Messfeiern beziehungsweise Schlüssel im Pfarramt Gneiser Straße 62 | **ÖPNV** Buslinie 25 bis Haltestelle Morzg, 100 Meter zurück, links in die Gneiser Straße einbiegen | **Tipp** Besichtigen Sie auch Faistauers berühmten Freskenzyklus, den er 1926 im Foyer des Salzburger Festspielhauses malte.

SALZBURG

70__Das Mozart-Familiengrab
Wer hier begraben liegt, bleibt rätselhaft

Auf dem Sebastiansfriedhof erregt ein schlichtes, stets blumenge-schmücktes Grab im grünen Innenhof große Aufmerksamkeit. In goldfarbenen Lettern sticht ein berühmter Salzburger Name ins Auge: Mozart. Beigesetzt ist im sogenannten Mozart-Familiengrab natürlich nicht der berühmte Komponist, der 1791 in Wien gestor-ben und dessen Grab am Friedhof St. Marx verschollen ist. Statt-dessen nennt die Inschrift einige nahe Angehörige.

Da ist zunächst Constantia (Constanze) von Nissen, die Witwe Mozarts, die ihren ersten Mann um 51 Jahre überlebte. Daneben ist Mozarts Nichte Jeanette zu erwähnen, Tochter von »Nannerl«. Mo-zarts Großmutter Euphrosina Pertl ist namentlich erwähnt, ebenso wie Leopold Mozart. Der Vater des Komponisten hat aber eigentlich in den Gruftarkaden des Friedhofs seine letzte Ruhestätte gefunden.

Warum die Familienaufstellung interessant ist? Weil sich im Vor-feld des 250. Mozart-Geburtstages 2006 bemerkenswerte Szenen rund um das Familiengrab abspielten. Um endlich das Rätsel um den »Mozart-Schädel« zu lösen, der seit mehr als 100 Jahren durch die Musikgeschichte geistert und heute in Salzburg aufbewahrt wird, beschloss man, das Grab zu öffnen. Das Ziel: DNA aus den Knochen von Mozarts weiblichen Verwandten mütterlicherseits zu gewinnen, um sie mit dem aus dem Schädel gewonnenen Erbgut zu verglei-chen.

Statt zum Mediencoup im Mozart-Jahr geriet die sündteure »Cherchez la femme«-Aktion zum Flop. Den Gerichtsmedizinern bot sich in dem Grab ein Knochen-Sammelsurium. Eine Zeitung fasste den Befund unter der Headline »Totale Verwirrung im Mo-zartgrab« wie folgt zusammen: »Im Salzburger Familiengrab ist nie-mand miteinander verwandt und auch keiner mit dem einstigen Schädel-Träger.« Wer hier begraben liegt, blieb ebenso unklar wie die Authentizität des »Mozart-Schädels«, den ein Totengräber 1801 aus dem angeblichen Mozart-Grab gehoben haben soll.

Adresse Sebastiansfriedhof, Linzer Gasse 41, A-5020 Salzburg | **Öffnungszeiten** täglich April–Okt. 9–18.30 Uhr, Nov.–März 9–16 Uhr | **ÖPNV** Buslinien 2, 4, 21, 22, Haltestelle Wolf-Dietrich-Straße | **Tipp** Die Inschriften der Grabmäler in den Gruftarkaden beinhalten viele Hinweise auf die früheren gesellschaftlichen Verhältnisse in Salzburg.

SALZBURG

71 Die Mozart Ton- und Filmsammlung

24.000-mal dem Meister lauschen

Den dänischen Bass Peder Schram (1819–1895) vermerken die Annalen der Sangeskunst nicht als einen der ganz Großen. Und doch sollte Schram 1889 Musikgeschichte schreiben, als er zu seinem 70. Geburtstag, der zugleich seinen Abschied von der Bühne markierte, um eine Probe seines Könnens gebeten wurde. Das Besondere: Vor ihm stand ein damals brandneues Aufnahmegerät aus dem Hause Edison. Auf Dänisch und ohne Begleitung stimmte Schram die »Registerarie« aus der Mozart-Oper »Don Giovanni« an. Zusammen mit dem Fragment einer weiteren Arie fand sie ihren Weg auf einen Wachszylinder und ist heute das älteste bekannte Tondokument eines Mozart-Werks.

Auf CD anhören kann man das rauschende Stück Musikgeschichte in der Mozart Ton- und Filmsammlung, die im ehemaligen Wohnhaus der Familie am Makartplatz ein viel zu wenig beachtetes Dasein führt. Es handelt sich um das weltweit größte Spezialarchiv für Ton- und Bildaufnahmen zum Leben und Werk des Meisters. Die Nutzung ist kostenlos. Livemitschnitte von Konzerten und vieles, das im Handel nicht erhältlich ist, bekommen Musikfreunde geboten. Manche Werke sind in mehr als 100 verschiedenen Interpretationen abrufbar. So ist es kein Wunder, dass mitunter Künstler »inkognito« vorbeischauen, um herauszufinden, wie eine bestimmte Partitur früher angelegt wurde. Auch an Skurrilitäten herrscht kein Mangel. Die »Kleine Nachtmusik« für Hackbrett und Ziehharmonika und Interpretationen mongolischer Musiker haben ihren Weg in das Archiv gefunden. Außerdem kann man Ohrenzeuge werden, wie manch ein Interpret den Faden verlor. Vor Ort können 24.000 Audiotitel sowie 3.000 Videoproduktionen abgespielt werden. Der erste einschlägige (Stumm-)Film, den der Katalog vermerkt, trägt den Titel »La Mort de Mozart« (1909).

150

Adresse Makartplatz 8, Halbstock, A-5020 Salzburg, Tel. +43 (0)662/883454, www.mozarteum.at | Öffnungszeiten Mo, Di, Fr 9–13 Uhr, Mi und Do 13–17 Uhr | ÖPNV Buslinien 1, 3, 4, 5, 6, 21, 22, 25, 27, 160, 170, Haltestellen Makartplatz und Theatergasse | Tipp Für einen Besuch sollte man sich mindestens eine Stunde Zeit nehmen. Im Sommer werden auf einer Großbildleinwand Filme mit Mozart-Bezug gezeigt.

SALZBURG

72 Der Münchnerhof

Münchner Kindl sind heute noch Stammgäste

Von außen lässt das Bürogebäude in der Dreifaltigkeitsgasse seine glorreiche Vergangenheit nicht erahnen. Doch ist man durch die Schwingtüren des Münchnerhofs getreten, weht ein Hauch von Grandhotel durch das Foyer. Holzvertäfelungen, ein kolossaler Luster und geschmackvolle Dekors zeugen von einer Ära, als livrierte Pagen noch Schrankkoffer schleppten und Stubenmädchen mit Spitzenhäubchen auf Staubjagd gingen. Blickfang ist das Stiegenhaus aus dunklem Eichenholz, das sich bis in den vierten Stock hinaufwindet. Darüber schwebt eine Lichtkuppel.

In den späten 1920er Jahren war das Hotel Münchnerhof eine der nobelsten Adressen der Stadt und beim deutschen Publikum der jungen Festspiele en vogue. Mit elektrischem Aufzug, einer Luftumwälzanlage und weiteren Novitäten schraubte die Betreiberfamilie Hofinger die Komfortstandards in der Mozartstadt ordentlich in die Höhe. Manche Zimmer waren mit Schallschutztüren ausgestattet, jedes verfügte über fließendes kaltes und warmes Wasser sowie Telefon. Mittels Lichtsignal ließ sich der Zimmerservice herbeirufen.

Nachdem ein Bombentreffer 1944 Teile des Hauses in Schutt und Asche gelegt hatte und für einige Jahre die US-Besatzer eingezogen waren, konnte der Münchnerhof nicht mehr an alte Glanzzeiten anschließen. 1960 erfolgte die Umwandlung zu einem Bürogebäude, das auch einige Wohnungen beherbergt. Der klingende Name und die Ausstattungsmerkmale aus der Zwischenkriegszeit erinnern noch heute an die goldene Ära. Ebenso wie die auffälligen Skulpturen, die einen im Foyer grüßen. Was es damit auf sich hat? Allesamt waschechte Münchner Kindl. Denn wenn ein Hotel schon Münchnerhof heißt, so sagte sich Hotelier Hofinger, so muss es auch über einige Münchner Wahrzeichen verfügen. Das an der Außenfassade montierte wurde aus Untersberger Marmor gefertigt, die Stiegenhaus-Kindl stammen aus den Werkstätten heimischer Schnitzer.

152

Adresse Dreifaltigkeitsgasse 3, A-5020 Salzburg | **ÖPNV** Buslinie 1, 3, 4, 5, 6, 21, 22, 25, 27, 160, 170, Haltestellen Theatergasse oder Makartplatz | **Tipp** Der Münchnerhof ist heute Bürogebäude, um diskretes Sightseeing wird ersucht. Am Haus gegenüber ist ein Sgraffito-Fries von Karl Reisenbichler einen genaueren Blick wert. Thema: Das Leben als Kartenspiel.

SALZBURG

73 __ Neue Mitte Lehen
Denkmal für Salzburgs einstigen Paradefußballklub

Österreichische Fußballklubs konnten in der Vergangenheit nur höchst selten den Top-Mannschaften aus Deutschland, Italien oder England auf Augenhöhe begegnen. So ein Kunststück gelang Austria Salzburg in den 1990er Jahren. Die »Violetten«, die im Lehener Stadion daheim waren, kämpften sich in der Saison 1993/94 bis ins Finale des Uefa Cups vor, das man gegen Inter Mailand verlor. In der nächsten Saison qualifizierten sie sich sogar für die Gruppenphase der Champions League und schieden knapp gegen die späteren Finalisten Ajax Amsterdam und AC Milan aus – eine unvergessliche Ära für die Fans eines alpenländischen Profivereins.

Im Jahr 2006 wurde das zu klein gewordene Stadion abgerissen. Das Nachfolgeprojekt – Neue Mitte Lehen – brachte eine längst fällige kulturelle Aufwertung für den wenig attraktiven Stadtteil. An der Stelle der Osttribüne entstanden Wohnungen und ein Veranstaltungssaal, auf der Westseite baute man die neue Stadtbibliothek, die im Jahr 2009 beim Europäischen Stahlbaupreis ausgezeichnet wurde.

Das Spielfeld dazwischen blieb als Grünfläche bestehen, weil es auf diese Weise die Erinnerungen an das alte und von den Fans heiß geliebte Lehener Stadion wachhalten soll. Wo einst die Lieblinge der Salzburger Fußballfans aufliefen und Weltklassekicker wie Lothar Matthäus, Edgar Davids oder Luís Figo bei Europacupspielen auf dem Rasen tanzten, vergnügen sich heute Kinder beim Spielen – eine hervorragende Idee!

Die Stadtbibliothek ist ein dominantes und von außen und innen sehenswertes Stück Architektur. Der schräg aufgesetzte Turm mit Panoramabar, ein neues Wahrzeichen des Stadtteils, fand nach der Fertigstellung aber nicht nur Bewunderer. Auf etwa 5.000 Quadratmetern Fläche sind rund 180.000 Medien verfügbar. Etwa 15 Prozent der Stadtbevölkerung frequentieren regelmäßig die Bibliothek – ein österreichweiter Spitzenwert.

Adresse Schumacherstraße 14, A-5020 Salzburg (Lehen) | **ÖPNV** Obus 1, 4, Haltestelle Esshaverstraße, Obus 2, Haltestelle Roseggerstraße, Obus 7, Haltestelle Schule Lehen, Obus 10, Haltestelle Neue Mitte Lehen | **Tipp** Am Marktplatz unter dem gigantischen Vordach der neuen Stadtbibliothek findet jeden Freitag am Vormittag ein Wochenmarkt statt.

SALZBURG

74__Der Niederleghof
Warenlager und Verkehrshindernis

Wenn die Salzburger Fremdenführer die Touristengruppen im Minutentakt durch die Getreidegasse schleusen, ist an ein rasches Vorankommen nicht zu denken. Also warum nicht in eine der Passagen einbiegen, die sich linker und rechter Hand auftun, um schließlich über die parallel verlaufenden Straßenzüge dem Ziel entgegenzustreben? Vorsicht! Auch die Durchhäuser haben das Potenzial, einen aufzuhalten. Hier ein Innenhof mit blumengeschmückten Arkaden, dort ein nettes Café, und manchmal bleibt das Auge auch an einer Inschrift haften, die die Neugier erweckt. Wie jene über einem Torbogen im Innenhof von Getreidegasse 20, die von einem Niederleghof kündet.

Eine Tafel gegenüber wirft Licht auf die Herkunft des kuriosen Namens: Im Niederleghof oder Niederleghaus, wie es einst genannt wurde, mussten etwa ab dem Jahr 1500 auswärtige Kaufleute ihre Waren gegen Gebühr wiegen und lagern lassen, bevor sie in der Innenstadt verkauft werden durften. Betreiber war die Stadt, die sich diesen Service von den Kaufleuten bezahlen ließ. Umfasste die Niederlage zunächst nur Eisen- und Stahlwaren, so wurde das Depot später auf Getreide und Wein ausgeweitet, der auch nur hier verkauft werden durfte. Zum Gebäudekomplex gehörte ferner eine Mühle, die vom Wasser des Almkanals betrieben wurde.

Der Niederleghof brachte zwar Einnahmen, aber auch jede Menge Verkehrsprobleme. Erzwangen die Platzverhältnisse schon zuvor komplizierte Ausweichmanöver von Fußgängern, Kutschen, Reitern und dem ein oder anderen Vieh, so verstopften nun die auf- und abladenden Fuhrwerke die Gasse dermaßen, dass der Salzburger Erzbischof bei den Stadtoberen wütend eine Verlegung verlangte. Genützt hat das Donnerwetter nichts. Und was lernt man daraus? Man muss zu allen Zeiten in der Getreidegasse einen Gang zurückschalten und sich damit abfinden, dass Umwege eher zum Ziel führen – und vielleicht zu einer Sehenswürdigkeit.

156

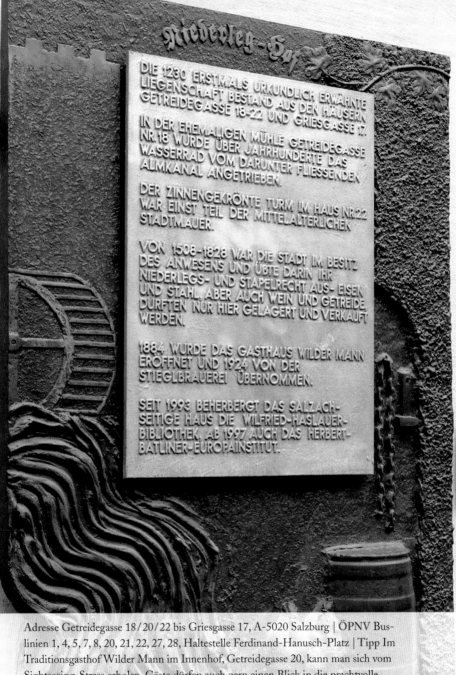

Adresse Getreidegasse 18 / 20 / 22 bis Griesgasse 17, A-5020 Salzburg | ÖPNV Buslinien 1, 4, 5, 7, 8, 20, 21, 22, 27, 28, Haltestelle Ferdinand-Hanusch-Platz | Tipp Im Traditionsgasthof Wilder Mann im Innenhof, Getreidegasse 20, kann man sich vom Sightseeing-Stress erholen. Gäste dürfen auch gern einen Blick in die prachtvolle Hochzeitsstube im ersten Stock werfen.

75 — Das Paracelsus-Grabmal

Das Vermächtnis des Alchemisten

»Nur die Dosis macht das Gift« – fast jedem ist dieser Ausspruch geläufig. Zugeschrieben wird er einem auch in Salzburg tätigen Arzt und Naturphilosophen, den die einen als Schlüsselfigur für den Übergang von einer mittelalterlichen zu einer modernen, wissenschaftlichen Medizin sehen, die anderen hingegen als Scharlatan abtun. Sein Name: Paracelsus.

Als Philippus Theophrastus Bombastus von Hohenheim wurde Paracelsus 1493 in der Schweiz geboren. Seine Ausbildung zum Heilkundler führte ihn durch halb Europa. Sein Interesse galt im Besonderen der Wundbehandlung, den Berufskrankheiten der Bergarbeiter und der Therapie von Syphilis. Paracelsus beobachtete, testete und wies nach, dass dem Gasteiner Thermalwasser ebenso wie diversen Kräutern Heilkräfte innewohnen. Sein Streben nach empirisch untermauerter Erkenntnis brachte ihn in Konflikt mit der etablierten Ärzteschaft, die noch an Lehrmeinungen aus der Antike festhielt.

Zu Paracelsus' fortschrittlicher Seite gesellte sich aber auch eine dunkle, alchemistische: Er rühmte sich etwa, einen Homunculus, einen künstlichen Menschen, erschaffen zu haben. 1524/25 praktizierte der Querdenker in Salzburg, das er, offenbar wegen seiner Sympathien für den niedergeschlagenen Bauernaufstand, wieder verlassen musste. 15 Jahre später nahm er erneut seinen Wohnsitz an der Salzach, wo er 1541 starb. Gut 200 Jahre nach seinem Tod ließen Paracelsus-Verehrer seine sterblichen Überreste auf dem Sebastiansfriedhof exhumieren und betteten sie in ein obeliskenförmiges Grabmal um. In der Inschrift wird behauptet, Paracelsus habe Lepra und Wassersucht heilen können – eine der zahlreichen Verklärungen seiner Person. Bizarr waren offenbar die Umstände seines Todes. Bei einer Untersuchung der Knochen vor einigen Jahren wurden abnorme Quecksilberwerte festgestellt – ein Hinweis darauf, dass er sich beim Arbeiten selbst vergiftet haben könnte.

Adresse Sebastiansfriedhof, im Eingangsbereich von der Linzer Gasse aus, A-5020 Salzburg | **Öffnungszeiten** täglich April–Okt. 9–18.30 Uhr, Nov.–März 9–16 Uhr | **ÖPNV** Buslinien 2, 4, 21, 22, Haltestelle Wolf-Dietrich-Straße | **Tipp** Am Platzl erinnert eine Gedenktafel samt Wandbild an Haus Nummer 3 an den ehemaligen Wohnsitz des Mediziners. Zu seinen Ehren (»Bier ist eine wahrhaft göttliche Medizin«) kreierte die Stiegl-Brauerei das naturtrübe Paracelsus-Zwickl.

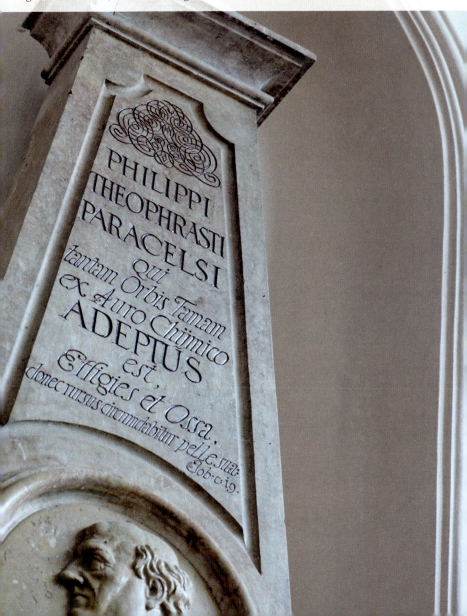

SALZBURG

76__ Die Parscher Pfarrkirche

Das Kruzifix schwebt in der Luft

Es ist merkwürdig, dass viele Salzburger diese Kirche nicht kennen, obwohl sie ein bedeutendes Werk österreichischer Nachkriegsarchitektur ist. Tritt man durch das Hauptportal ein, fällt der Blick sogleich auf den Altar. Das Kruzifix schwebt in der Luft, übergossen mit einer Fülle an Licht, das durch die hintere Dachverglasung hereinströmt.

Die erste nach dem Zweiten Weltkrieg neu erbaute Kirche der Moderne Österreichs steht auf dem Areal eines der ältesten Bauerngüter im Land Salzburg: Hier befand sich nämlich der 998 gegründete Weichselbaumerhof, von dem noch die schlanken Granitsäulen im Sitzbereich vorhanden sind. Nach dem Krieg wurde die 1938 vom NS-Regime enteignete Liegenschaft an das Stift St. Peter zurückgegeben und wenig später von der Kongregation der »Missionare vom Kostbaren Blut« erworben. Zwischen 1954 und 1956 entstand die Kirche nach den Plänen der späteren Stararchitekten Wilhelm Holzbauer, Friedrich Kurrent und Johannes Spalt.

Auch andere namhafte bildende Künstler verewigten sich in der Pfarrkirche. Von Fritz Wotruba, einem der bedeutendsten Bildhauer Österreichs im 20. Jahrhundert, stammt die Relieftafel über dem Haupteingang. Die Zeichnung »Sündenfall und Taufe Christi« ritzte Richard Kurt Fischer nach den Entwürfen von Oskar Kokoschka, einem der führenden Wegbereiter des Expressionismus, in den noch frischen Beton. Josef Mikl, der auch in der Friedenskirche von Hiroshima künstlerisch mitwirkte, gestaltete die Fenster.

Die Diskrepanz zwischen moderner Architektur und subjektiver Kunstauffassung eröffnete für ortsansässige Betrachter auch bei diesem Bauwerk einen Raum für feine Ironie. Die Dachverglasung des Glockenstuhls und das schräg darüberliegende Dach verglichen sie nach typisch österreichischer Art mit einer Talstation und tauften dieses markante Detail der Kirche liebevoll »Seilbahnstation Gottes«.

Adresse Geißmayerstraße 6, A-5020 Salzburg (Parsch), www.pfarreparsch.at | **ÖPNV** Obus 6, Haltestelle Fadingerstraße | **Tipp** Parsch ist ein Stadtteil mit hoher Villendichte. Auf einem Streifzug von der Fadingerstraße aus in Richtung Kreuzbergpromenade gibt es imposante Villen zu bewundern.

SALZBURG

77 — Der Rainberg

Dieser Stadtberg ist »off limits« für Zweibeiner

»Die vergessene Welt« heißt ein 1912 erschienener Roman des britischen Schriftstellers Sir Arthur Conan Doyle. Darin geht es um die Erkundung eines geheimnisvollen Plateaus im südamerikanischen Dschungel, das noch von Urtieren bewohnt sein soll. Ähnlich einem dieser unzugänglichen »Tepui« umgibt auch den Rainberg im Stadtteil Riedenburg die Aura einer »Lost World«. Zutritt verboten, heißt es an den möglichen Zugängen. Schranken, schroffe Felswände und schier undurchdringliches Buschwerk unterstreichen, dass der kleinste Salzburger Stadtberg in Ruhe gelassen werden will.

Der Rainberg bildete lange Zeit das Zentrum der Siedlungsaktivitäten im Salzburger Raum. Als die Römer um 15 v. Chr. auf dem Gebiet der heutigen Altstadt die Siedlung Iuvavum gründeten, rückte am Rainberg die landwirtschaftliche Nutzung in den Mittelpunkt. Doch nachdem die Weideflächen im 20. Jahrhundert aufgegeben wurden und der einzige Steinbruch zusperrte, gewann die Natur die Oberhand. Der Bergrücken verwaldete und liegt heute unter einem dichten Bestand aus Buchen, Linden und anderen Laubbäumen verborgen.

Als ökologische Besonderheit gilt der Steppenhang auf der Südwestseite, der wärmeliebenden Pflanzen und Tieren wertvolle Lebensräume bietet. Eulenfalter, Heideschnecken, zahlreiche Heuschreckenarten sowie Schlingnattern finden auf dieser Wärmeinsel ideale Lebensbedingungen vor. Färber-Ginster, Großer Ehrenpreis, Hügel-Meier und andere Schönheiten recken ihre Blüten der Sonne entgegen. Um eine Verbuschung zu verhindern, wird der Steppenhang im Sommer von Ziegen beweidet. Der Rainberg ist ein Naturwaldreservat. Seit 1955 ein Zutrittsverbot ausgesprochen wurde, haben nur wenige Menschen den letzten Ausläufer des Mönchsberges betreten und erkundet. Peter Handke gehörte dazu, der hier mitten in der Stadt eine »Savanne der Freiheit« kennenlernte. Über besondere Urviecher schrieb er nichts.

Adresse Rainberg, A-5020 Salzburg (Riedenburg), zwischen Sinnhubstraße (Süden), Leopoldskronstraße (Westen) und Rainbergstraße (Norden) | **ÖPNV** Buslinien 21, 22, Haltestelle Sinnhubstraße, Obus 1, 2, 4, Haltestelle Moosstraße | **Tipp** Einen schönen Blick auf den Rainberg hat man vom Mönchsberg. Eine Gelegenheit, legal auf den Rainberg zu gelangen, ergibt sich mitunter in der »Woche der Artenvielfalt« im späten Frühjahr.

SALZBURG

78__ Der Rathausturm
Wenn die Bierglocke läutet

Das Salzburger Rathaus präsentiert sich nach mehrjährigem Umbau seit 2012 als attraktive Mischung aus moderner Architektur und alter Bausubstanz. Die spannendsten Geschichten für Besucher hat der aus dem Mittelalter stammende Kern, der Rathausturm, zu bieten. Etwa jene der Bierglocke, die im aufgesetzten Glockentürmchen zu finden ist. Vermutlich um 1450 wurde die etwa 60 Kilogramm schwere Glocke gegossen. Ihr Läuten um 22 Uhr gebot den Bierwirten, den Ausschank einzustellen, die Zecher hinauszukomplimentieren und die offenen Feuerstellen zu löschen. Die unterste und imposanteste der drei Rathausglocken ist die Feuerglocke, die die Salzburger in Kombination mit Signalflagge einst über Brände informierte.

In dem Multifunktionsgebäude, das die Stadt 1407 erwarb, hatten einst auch die Türmer, die die Uhrzeit verkündeten, samt ihren Familien ihre Unterkunft. Nachtwächter drehten vorm Rathaus ihre Runden und konnten ungebührliches Benehmen mit einem Aufenthalt im »Narrenhäusl« ahnden. Wer nach der Sperrstunde unterwegs war, musste anno dazumal mit einer Laterne oder mit Gegröle auf sich aufmerksam machen. Im Original gebot das Stadtrecht: »Es sol niemant auf der strazz verholen gen nach der pierglokke, er sing oder er ge mit liecht.«

All das wird einem auf einer Führung anschaulich nähergebracht, zu der auch ein Blick von der Plattform gehört. Die größte Attraktion ist wohl die alte Turmuhr mit ihrem restaurierten und in mühevoller Feinabstimmung wieder in Gang gebrachten Uhrwerk. Der Mechanismus präsentiert sich als Wunder aus Zahnrädern, Pendeln, messingglänzenden Schrauben und an Seilen befestigten Gewichten. Die elektronische Läutanlage steuert auch die vor einigen Jahren reaktivierte Bierglocke. Allerdings scheint ihr Ertönen um 22 Uhr heutzutage für viele eher den Auftakt zur Abendunterhaltung zu signalisieren als das Ende.

Adresse Rathausplatz/Getreidegasse, A-5020 Salzburg, www.stadt-salzburg.at | **Öffnungszeiten** nicht öffentlich zugänglich, Führungen nur für Gruppen ab 15 Personen, Tel. +43 (0)676/3385419 | **ÖPNV** Buslinien 3, 5, 6, 8, 20, 25, 28, 160, 170, 270, Haltestelle Rathaus | **Tipp** Im Erdgeschoss des Rathauses kann man shoppen, die Säulenhalle im ersten Stock bespielt die Stadtgalerie mit Werken heimischer Künstler und Künstlerinnen.

SALZBURG

79___Der Reißzug

Ein treuer Lastesel für Hohensalzburg

Eine Festung auf einem exponierten Berg oder Plateau hat mit Komfort wenig zu tun. Sie ist schwer zu beheizen und verursacht jede Menge weiterer Probleme. Eines davon: Wie soll man all das, was die Bewohner und im Belagerungsfall auch die Verteidiger benötigen, hinaufbringen? Am besten ist ein treuer und anspruchsloser Lastesel, wie ihn der Reißzug seit mehr als 500 Jahren für Hohensalzburg darstellt. Die vermutlich älteste erhaltene Materialseilbahn der Welt ist auch heute noch der Lebensnerv der Festung, die 2016 mehr als 1,1 Millionen Besucher empfing.

Die Trasse führt von Stift Nonnberg durch mehrere befestigte Tore in den Burghof. Vom Tal aus betrachtet ähnelt sie in etwa einem Reißverschluss, der den Festungsberg zusammenhält. Der Name Reißzug hat damit aber nichts zu tun. Er ist von der »Reise« mit dem Zugwägelchen abgeleitet, das anno dazumal an einem über 300 Meter langen Hanfseil nach oben gezogen wurde, was bis zu zwei Stunden dauerte. Die große Seilwinde bedienten entweder bis zu neun Männer oder mehrere Zugtiere.

Der Reißzug wurde Ende des 15. Jahrhunderts unter Erzbischof Leonhard von Keutschach errichtet. Er erwies sich als unverzichtbar, um Baumaterial, Munition und Proviant auf die Burg zu befördern. Bis in die heutige Zeit hat sich daran wenig geändert. So schleppt die vor 100 Jahren auf elektrischen Betrieb umgestellte und seither mehrmals modernisierte Seilbahn noch immer Lebensmittel und Getränke für die Gastronomiebetriebe auf die Festung und bringt den anfallenden Müll ins Tal. Auch sperrige Güter, wie die bei der Neukonzeption des Festungsmuseums installierten gläsernen Schaukästen, legen die 80 Höhenmeter an ihren neuen Bestimmungsort per Reißzug zurück.

Etwa fünf Minuten dauert die Fahrt heute. Benutzer der komfortablen Festungsbahn auf der anderen Seite von Hohensalzburg brauchen für ihre Reise nur eine Minute.

Adresse Die Talstation liegt beim Stift Nonnberg, A-5020 Salzburg | **Öffnungszeiten** Der Lastenzug verkehrt normalerweise am Vormittag. | **ÖPNV** Buslinien 3, 5, 6, 7, 8, 20, 25, 28, 170, 270, Haltestelle Justizgebäude; 10 Minuten zu Fuß über Kajetanerplatz und Kaigasse | **Tipp** Im Festungsmuseum ist eine Dokumentation über die Geschichte des Reißzugs zu sehen.

SALZBURG

80__Die Richterhöhe

Ein Denkmal für einen Gletscherforscher

Gletscherforscher sind immer für eine Aufregung inklusive Medienspektakel gut. Sei es, dass sie das Verschwinden der Alpengletscher bis zum Jahr 2050 prognostizieren, sei es, dass sie vor den verheerenden Konsequenzen warnen, die ein Abschmelzen der grönländischen Eiskappe zur Folge hätte. Vor 100, 150 Jahren war die wissenschaftliche Auseinandersetzung mit dem »ewigen« Eis in den Hochgebirgsregionen der Alpen noch ein exotisches Forschungsgebiet. Einer der Pioniere war der lange Jahre in Salzburg tätige Eduard Richter (1847–1905), nach dem die Richterhöhe auf dem Mönchsberg mit ihren alten Wehrbauten benannt wurde.

Richter zählte zu jenen Forschern, die mit ihren frühen Gletschermessungen eine Grundlage für wichtige historische Vergleichsreihen gelegt haben. Den Anstoß für seine Untersuchungen lieferten ihm die in den 1870er Jahren begonnenen geodätischen Messungen am Schweizer Rhonegletscher. Der Geograf beschloss, ähnliche Messungen auch an den Eisriesen in den Ostalpen zu organisieren. Unter Richters Regie kam schließlich eine Art Gletscherlexikon zustande, das die Größe von mehr als 1.000 Gletschern der Ostalpen dokumentierte.

Einige der Eisriesen untersuchte der leidenschaftliche Bergsteiger selbst. Auch Phänomene wie die gefährlichen Vorstöße des Vernagt- und Gurglerferners im 17. und 18. Jahrhundert erregten Richters Interesse. Er versuchte eine Verbindung zwischen Gletscher-Schwankungen und meteorologischen Daten wie etwa der Niederschlagsmenge zu finden. 1886 wurde Richter als Professor für Geografie nach Graz berufen. Von 1898 bis 1900 stand er der internationalen Gletscherkommission vor. Darüber hinaus machte sich das Multitalent auch als Seenforscher, Historiker und Alpenvereinsvorsitzender einen Namen. Das 1907 enthüllte Marmordenkmal zeigt Eduard Richter, für eine Bergtour gerüstet und den Blick sehnsuchtsvoll in die Ferne gerichtet.

Adresse Richterhöhe, Mönchsberg, A-5020 Salzburg | **ÖPNV** Buslinien 1, 4, 8, 22, Haltestelle Herbert-von-Karajan-Platz, 20 Minuten zu Fuß über Toscanini-Hof und Clemens-Holzmeister-Stiege; oder via Mönchsbergaufzug ab Bushaltestelle Mönchsbergaufzug, circa 15 Minuten zu Fuß über den Mönchsberg | **Tipp** Wenige Meter vom Denkmal entfernt weist ein Orientierungstisch die Gebirgsmajestäten im Süden aus.

SALZBURG

81__Der Rosenhügel

Love is in the air

Plätze für Verliebte bietet die Mozart-Stadt im Überfluss; doch kaum ein anderer ist so dafür geschaffen, romantische Gefühle zu wecken, wie der Rosenhügel am Nordende des Mirabellgartens. Die kleine Anhöhe thront auf den Resten der alten St.-Vitalis-Bastei aus der Zeit des Dreißigjährigen Krieges und bietet einen phantastischen Ausblick auf das Weltkulturerbe Salzburg. Die berühmte Sichtachse über den Barockgarten hin zur Festung Hohensalzburg im Süden dient vielen Besuchern als Einstieg in ihr Sightseeing-Programm. Außerdem laden die Legionen von Rosen dazu ein, sich auf einer der Bänke niederzulassen und sich den Duft der Blumen in die Nase wehen zu lassen. Jahr für Jahr erwecken die städtischen Gartenkünstler den Rosenhügel und die übrigen Teile des Mirabellgartens in kunstvollen Arrangements zum Leben.

»Love is in the air, everywhere you look around«: Seit Jahrzehnten ist der Rosenhügel ein Schwulentreff, vor allem an lauen Sommerabenden. Eine Liebesgeschichte rankt sich auch um die grazile Tänzerin inmitten der Beete und Rabatten. Geschaffen hat die Skulptur einer nackten Frau der bekannte italienische Bildhauer Giacomo Manzù (1908–1991).

1954 kam der Lombarde auf Initiative von Oskar Kokoschka nach Salzburg, um an der neuen Sommerakademie auf der Festung Hohensalzburg sein Wissen an junge Künstler und Künstlerinnen weiterzugeben. Der Bildhauer hatte anfangs ein Problem: Modelle waren rar, und solche, die ihn zu inspirieren vermochten, noch rarer. Schließlich stellte das Landestheater Ensemblemitglieder ab, und so kam es, dass bald eine junge Primaballerina namens Inge Schabel für den Künstler posierte. Bald wurde sie sein Lieblingsmodell. Eins ergab das andere, sodass aus der Muse schließlich auch die Ehefrau des großen Bildhauers wurde.

Seit 1976 schmückt die nach ihrem Vorbild geschaffene Skulptur – die Tänzerin – den Aussichtshügel.

Adresse Mirabellpark/Kurpark, Zugang vom Mirabellplatz, A-5020 Salzburg |
Öffnungszeiten ganzjährig frei zugänglich | **ÖPNV** Buslinien 1, 2, 4, 3, 5, 6, 21, 22, 25, 32, 120, 130, 131, 140, 141, 150, 152, 154, Haltestelle Mirabellplatz | **Tipp** Auch das »Tor der Liebe« des Salzburger Doms hat Giacomo Manzù geschaffen. Ein übersichtlicher Mirabellgarten-Folder kann aus dem Internet heruntergeladen werden: www.stadt-salzburg.at/pdF/mirabellgarten__geschichte_und_gegenwart__2009.pdf

SALZBURG

82 __ Der Salzburger Stier

Alle aus den Federn, brüllte das Hornwerk einst

Stellen Sie sich einen Ort unter dem Kommando von »Big Brother« vor. Er regelt, wann die Bürger aufzustehen und wann sie sich zur Bettruhe zu begeben haben. Und er setzt zu diesem Zweck akustische Mittel ein, die allerorts zu vernehmen sind. In Salzburg gab es dereinst eine solche Maschinerie: Es war der »Salzburger Stier«.

Hinter dieser Bezeichnung steckt das älteste in Betrieb befindliche Hornwerk der Welt. Die Errichtung geht auf Erzbischof Leonhard von Keutschach zurück. In den ersten Jahren des 16. Jahrhunderts ließ er an der Außenmauer der Burganlage in einem hölzernen Erker ein großes Hornwerk einbauen, bestehend aus Windkasten, Blasebalg und 135 Pfeifen. Auf Wunsch des obersten Salzburgers trat das Instrument um vier Uhr früh in Aktion und sandte abends um sieben Uhr, nach dem Betläuten, noch einmal seinen schrillen F-Dur-Dreiklang über die Stadt. In einem Bericht aus späteren Zeiten findet sich die hübsche Formulierung, der Erzbischof »ließ damit seinen lieben Salzburgern die Retraite und Tagreveille blasen«. Es ist nicht bekannt, wie ernst die Bürger die Aufforderungen des Hornwerks nahmen, das nach seinen vielfach verstärkten, »schreienden« Tönen als Salzburger Stier bekannt wurde.

Um 1560 wurde das Instrument um eine Walzenorgel ergänzt, die auch einige Musikstücke spielen konnte. 200 Jahre später, bei einem weiteren Umbau, gewann das musikalische Element gegenüber der Signalfunktion endgültig die Oberhand. Das aktuelle Repertoire der Walzenorgel – heute mit mehr als 200 Pfeifen ausgestattet – umfasst zehn Melodien, der charakteristische Akkord leitet die Stücke ein und beendet sie.

Von Palmsonntag bis 31. Oktober ertönt der Salzburger Stier täglich um 7, 11 und 18 Uhr nach dem Glockenspiel. Dass er in Teilen der Altstadt inzwischen kaum mehr zu vernehmen ist, hat einen einfachen Grund: Gegen den Verkehrslärm kann auch er nicht anbrüllen.

Adresse Festung Hohensalzburg, beim Krautturm, A-5020 Salzburg, Tel. +43 (0)662/84243011, www.salzburg-burgen.at | **Öffnungszeiten** Mai–Sept. 9–19 Uhr, Okt.–April 9.30–17 Uhr; im Rahmen der Audiotouren auf der Festung kann man einen Blick auf das Instrument werfen | **ÖPNV** Festungsbahn, ab Festungsgasse 4 | **Tipp** Ein Schmuckstück im Burghof ist die im Jahr 1539 von venezianischen Meistern errichtete und von einem Rautengitter umgebene Matthäus-Lang-Zisterne.

SALZBURG

83 Das Salzburg-Panorama
Ganz Salzburg an einem Herbsttag 1825

Es gibt Kunstwerke, die rauben einem den Atem ob ihrer Kühnheit. Dazu zählt das von Johann Michael Sattler (1786 – 1847) geschaffene Salzburg-Panorama.

Im Jahr 1824 nahm der Maler eine Anregung von Kaiser Franz I. auf, begab sich auf die Festung und begann, die Umrisse der Stadt, ihrer Gebäude und ihrer Umgebung von fünf verschiedenen Standpunkten aus in allen Details festzuhalten. Im nächsten Schritt engagierte er zwei Kollegen, die ihm halfen, das 360-Grad-Panorama in Ölfarben auf eine riesige Leinwand von knapp 26 Metern Länge und fünf Metern Höhe zu bannen. Als Sattler zu Ostern 1829 sein Rundgemälde in einem Pavillon am heutigen Makartplatz präsentierte, wurde er mit einem Schlag berühmt. Etwas Vergleichbares hatte es in der gesamten Donaumonarchie noch nicht gegeben. Die Sattlers packten ihr zerlegbares Gemälde auf ihr Hausboot und tourten die nächsten zehn Jahre durch Europa. In Deutschland, Belgien, Frankreich, Holland und Skandinavien leistete das Rundbild unschätzbare Tourismuswerbung.

Knapp 200 Jahre später ist dem weltweit einzigen erhaltenen Kolossal-Stadtpanorama ein eigenes Museum gewidmet. Von einer Plattform kann sich der Betrachter mit Fernrohren in die Welt von 1825 hineinzoomen und in unzähligen Details verlieren. Das Rundgemälde zeigt in leuchtenden Farben Salzburg an einem sonnigen Herbstnachmittag. Alle Kirchturmuhren stehen auf 16 Uhr. Vor einem Haus in Leopoldskron flattert Wäsche im Wind. An der noch unregulierten Salzach werden Kühe zur Tränke geführt. Die Eisenbahngleise fehlen. Die Umgebung ist kaum verbaut. Im Panorama Museum erhält der Betrachter einen Einblick in Salzburgs Alltagsleben des frühen 19. Jahrhunderts, wie ihn zehn Bücher nicht vermitteln könnten. Installationen dokumentieren die Veränderungen seit Sattlers Zeiten. Eine Zeitreise, an der man sich nicht sattsehen kann.

Adresse Panorama Museum, Residenzplatz 9, A-5010 Salzburg, Tel. +43 (0)662/620808730, www.salzburgmuseum.at | **Öffnungszeiten** täglich 9–17 Uhr | **ÖPNV** Buslinien 3, 5, 6, 7, 8, 20, 25, 28, 160, 170, Haltestelle Mozartsteg/Rudolfskai | **Tipp** Mitunter stellt das Museum auch Kosmoramen der Familie Sattler aus, zum Beispiel Ansichten von New York. Auf Festung Hohensalzburg sind Reproduktionen der Vorzeichnungen für das große Salzburg-Rundbild zu sehen.

SALZBURG

84__ Die Schirmmanufaktur

Schnürlregen, du hast keine Chance!

Ein Schirm! Ein Königreich für einen Schirm! So hat schon mancher Salzburger und Salzburg-Besucher gefleht, wenn von Nordwesten her der gefürchtete und lästige Schnürlregen, ähnlich der unerbittlichen Mechanik eines Shakespeare-Dramas, einsetzte und sein Depressionen auslösendes Werk zwischen Kapuzinerberg und Mönchsberg zu verrichten begann. Und während manche Zeitgenossen schleunigst in ein Café wie das Tomaselli oder das Bazar eilen und sich in Zeitungen vergraben, in der Hoffnung, dass der Regen abklingt, so packen andere den Stier nach dem Motto »Es gibt kein schlechtes Wetter, nur schlechte Bekleidung« bei den Hörnern.

Eine gute Adresse dafür ist die Schirmmanufaktur in der Getreidegasse 22. Das »Sonn- und Regenschirmgeschäft Alois Kirchtag« mit Reparaturservice eröffnete bereits im Jahr 1903, doch die Billigimporte aus Fernost ließen Schirme immer mehr zum Nebengeschäft werden. Bis in der vierten Generation Andreas Kirchtag einen Neuanfang wagte. Handgefertigte Schirme aus edlen Materialien und mit der größtmöglichen Robustheit, gepaart mit elegantem Äußeren – diese Kombination sollte sich zu einem Erfolgsmodell entwickeln.

Die ausgeprägte Pilzform der Kirchtag-Schirme ist auf die Erfordernisse der (angeblichen) »Schnürlregenmetropole« Salzburg ausgerichtet. Das Rückgrat bildet ein durchgängiger Stock aus hochwertigem Holz, etwa aus Palisander, Kirsche, Esche oder Hickory. Ein Ende wird über Dampf zum Griff gebogen. Nach der Feinbearbeitung kommt ein robustes Gestänge dazu. Für die Bespannung werden Baumwolle und Schirmseide verwendet. Die sorgfältige Verbindung der Komponenten erfolgt in Handarbeit. Techniken, wie sie in der industriell geprägten Welt der Schirmherstellung längst keinen Platz mehr haben, kommen in der kleinen Manufaktur noch zur Anwendung. So tragen die jährlich etwa 400 Schirme aus Eigenproduktion ein Stück zum Geschäftserfolg bei.

Adresse Schirmhandel & -manufaktur Kirchtag, Getreidegasse 22, A-5020 Salzburg, Tel. +43 (0)662/841310, www.kirchtag.com | **ÖPNV** Buslinien 1, 4, 5, 7, 8, 20, 21, 22, 27, 28, Haltestelle Ferdinand-Hanusch-Platz | **Tipp** Museum als Schlechtwetterprogramm – das ist auch in Salzburg ein Klassiker. Nicht weit entfernt, am Museumsplatz 5, lohnt etwa das hervorragend gestaltete Haus der Natur einen Besuch.

SALZBURG

85 Das Schlapp-Stüberl

»Schlipp, schlapp, schlorum« und andere Rituale

»Schlipp, schlapp, schlorum basilorum, in catacombis et ubique lo-
corum« – was wie ein kindlicher Abzählreim in Brachiallatein klingt,
ist in Wahrheit der Wahlspruch eines der ältesten Vereine Salzburgs:
der Schlapp-Gesellschaft. Besagte Gesellschaft hält im Augustiner
Bräustübl Mülln ihre Zusammenkünfte ab und hat sich als Einziger
der mehr als 120 Stammtische das Recht ersessen, in einem Extra-
zimmer zusammenzukommen, dem Schlapp-Stüberl. Patina und
Mobiliar machen deutlich, dass auf Tradition Wert gelegt wird.
Holzvertäfelte Wände, alte Schränke und auch der ein oder andere
Stuhl mit ergonomischen Standards der Biedermeier-Ära geben ein
rustikales Setting für die Zusammenkünfte ab.

Seit 1859 treffen sich die Schlapp-Brüder. Der Name soll auf ein
Kartenspiel aus Italien zurückgehen, dessen Regeln längst verloren
gegangen sind. Was bei den Treffen vor sich geht, ist ein Geheimnis –
zumindest augenzwinkernd, denn es fällt unter den Schlapp-Eid.
Man darf aber annehmen, dass es sich im Grunde um dasselbe handelt, wie bei allen anderen Stammtischen im Bräustübl Mülln: ge-
mütliches Zusammensein und angeregte Gespräche bei einer or-
dentlichen Maß Bier. Vielleicht sind die Rituale, die diesen
Stammtisch auszeichnen, etwas ausgefeilter. Dass zum Beispiel ein
»Schlipp« zu hören ist, bevor die Bierkrüge aneinanderklacken, könnte ein Lauscher an der Tür vermelden.

Und eine weitere Besonderheit zeichnet Stüberl und Gesellschaft
aus: Neue Vereinsmitglieder haben ein Wappen einzubringen. Das
Emblem muss ein Bilderrätsel darstellen, das Hinweise auf den Namen und den Beruf des Wappenträgers beinhaltet. So führte der
Mitbegründer Franz Stelzhamer – seines Zeichens Textdichter der
oberösterreichischen Landeshymne – eine Lyra in seinem Wappen.
Darüber sind acht Sterne angeordnet; flankiert wird das Instrument
unter anderem von einem Hammer. Auf zum fröhlichen Rätselra-
ten!

178

Adresse Augustiner Bräu Kloster Mülln, Lindhofstraße 7, A-5020 Salzburg, Tel. +43 (0)662/431246, www.augustinerbier.at | **Öffnungszeiten** Bräustübl für die Nicht-Stammtischler: täglich 15–23 Uhr, Sa, So und Feiertag 14.30–23 Uhr (für einen Blick ins Stüberl fragt man beim Personal) | **ÖPNV** Buslinien 7, 10, 20, 21, 24, 27 (an Werktagen Direktverbindung Bahnhof), 28, Haltestelle Landeskrankenhaus; S-Bahn S 2 und S 3, Haltestelle Mülln-Altstadt | **Tipp** Viel Flair verströmt auch der Braugasthof Krimpelstätter in der Müllner Hauptstraße 31. In diesem klassischen Salzburger Wirtshaus geht es auch etwas leiser zu als mitunter im Augustiner Bräu.

SALZBURG

86___Das Schloss Mirabell
Eine Liebesgabe der besonderen Art

Einen attraktiven Geistlichen kennen und lieben gelernt, ihm 15 Kinder geboren, den Rest des Lebens Verstecken gespielt – was wie eine völlig überzeichnete Version der australischen »Dornenvögel«-Saga klingt, ist in Salzburg an der Wende zum 17. Jahrhundert tatsächlich passiert. Hauptdarsteller waren Fürsterzbischof Wolf Dietrich von Raitenau und die Salzburger Bürgerstochter Salome Alt. Nur aufgrund seiner absoluten Machtfülle konnte sich Salzburgs geistlicher und weltlicher Herrscher diese Liaison leisten. Es gibt sogar Hinweise darauf, dass er seine Geliebte, die er in seiner Residenz über eine Geheimtür zu sich holen konnte, heimlich geheiratet hat oder eine Scheinehe mit ihr eingegangen ist.

Seine Versuche, die Beziehung von höchster Stelle in Rom legitimieren zu lassen, verliefen im Sand. Das hinderte Wolf Dietrich aber nicht daran, seiner Lebensgefährtin 1606 ein eigenes Schloss zu errichten und ihr zu Ehren »Altenau« zu taufen. Doch ein Happy End blieb aus. Nach dem Sturz und der Inhaftierung des Fürsterzbischofs im Jahr 1612 wurde sie zur Persona non grata. Salome Alt von Altenau zog mit ihrer Kinderschar nach Wels. Ihren »Herrn«, der 1617 starb, überlebte sie um 16 Jahre.

Wenig erinnert in Salzburg an Salome Alt. Schloss Altenau wurde in »Mirabell« umbenannt und hat seither sein Erscheinungsbild stark verändert. Von 1710 bis 1721 erfolgte der Umbau zu einer prächtigen barocken Schlossanlage. Nach dem Stadtbrand im Jahr 1818 wurde das einstige Liebesschloss im damals vorherrschenden klassizistischen Stil wiederaufgebaut.

Auch ein Denkmal für Salome Alt findet sich nicht. So wird das Reich der Legenden bemüht: Eine davon lautet, dass sie für ihren Geliebten die Salzburger Nockerln erfunden haben soll. Eine andere, dass für die auf dem Susanna-Brunnen im Mirabellgarten dargestellte barbusige Schönheit keine andere als Salome Alt Modell gestanden sei.

Adresse Mirabellplatz, A-5020 Salzburg | **Öffnungszeiten** Mirabellgarten täglich circa 6 Uhr bis Einbruch der Dunkelheit | **ÖPNV** Buslinien 1, 2, 4, 3, 5, 6, 21, 22, 25, 32, 120, 130, 131, 140, 141, 150, 152, 154, Haltestelle Mirabellplatz | **Tipp** Eine vor wenigen Jahren in der Müllner Pfarrkirche restaurierte Grablege soll nach Ansicht von Kunsthistorikern für Salome Alt bestimmt gewesen sein.

SALZBURG

87__Der Schlosspark Leopoldskro
Max Reinhardts persönliche Spielwiese

Kein anderes Schloss Salzburgs hat eine derart bewegte Geschichte aufzuweisen wie das Rokoko-Juwel Leopoldskron. Fürsterzbischof Firmian, verantwortlich für eine gnadenlose Protestanten-Vertreibung, wollte mit der Erbauung (1736–1740) sein Image neu aufpolieren. Georg Zierer, Inhaber ab 1837, verkaufte Bilder einer wertvollen Sammlung aus dem Schloss zu Schleuderpreisen. Auch König Ludwig I. von Bayern war einst Besitzer. Aber erst der brillante Theaterregisseur und Mitbegründer der Salzburger Festspiele Max Reinhardt ließ Leopoldskron 1918 in wahrem Glanz erstrahlen. Er war es auch, der den Schlosspark nach seinen barocken Visionen gestalten ließ.

Der Park beherbergt wertvolle Skulpturen – etwa einen Herkules, der mit einem Löwen ringt – und viele kunstvoll gestaltete Vasen aus Sandstein, von denen jede etwa 1,5 Tonnen wiegt. Als 1938 die Nationalsozialisten das Schloss beschlagnahmten, karrten sie etliche Skulpturen für Theateraufführungen nach Berlin. Danach brachte man sie zurück und warf sie in den Park. Mit viel Geld und Aufwand wurden ein Teil des Parks und 55 Skulpturen, die im feuchten Moorboden des Areals zu versinken drohten, restauriert.

Max Reinhardt errichtete auch ein barockes Gartentheater mit Spiegelwasserbecken, Spalierwänden und Orchestergraben. Es kam aber nur Shakespeares »Was ihr wollt« zur Aufführung, die jedoch wegen Regenfällen abgebrochen wurde. Reinhardts Hang zum Exzeptionellen zeigte sich auch in der Pflanzen- und Tierwelt im Park. Es gab Orangen- und Zitronenbäume, Flamingos und einen Käfig mit zwei Affen, die mit den Namen zweier Salzburger Erzbischöfe – Sittikus und Firmian – bedacht wurden.

Seit 1947 sind Schloss und Park im Privatbesitz der US-Bildungsinstitution »Salzburg Global Seminar« und für die Öffentlichkeit nicht zugänglich. Aber wo, wenn nicht in Österreich, wäre da nicht doch noch eine kleine Ausnahme …

Adresse Leopoldskronstraße 56–58, A-5020 Salzburg, www.schloss-leopoldskron.com | **Öffnungszeiten** nur für Gäste des Schlosses (Fremdenführerin Sabine Rath kann Touren organisieren: www.tourguide-salzburg.com) | **ÖPNV** Buslinie 22, Haltestelle Wartbergweg; Buslinie 25, Haltestelle Seniorenheim Nonntal und 10 Minuten zu Fuß durch den Hans-Donnenberg-Park zum Schloss | **Tipp** Im Freibad Leopoldskron nebenan (Leopoldskronstraße 50) lässt sich ein heißer Sommertag in Salzburg gut aushalten.

SALZBURG

88__Das Spielzeug Museum
Endlich Schlechtwetterprogramm für die Kleinen

Nur anschauen, nicht anfassen! – Dieses Konzept ist veraltet. Es dauerte, bis das auch im Salzburger Spielzeugmuseum erkannt wurde. Bis 2011 präsentierte sich das Haus in der Bürgerspitalgasse als Museum klassischer Prägung, das zwar ansehnliche Sammlungen an alten Zinnsoldaten, Blechtrommeln, Teddybären, Puppen und sogar Spielzeug zum Messefeiern vorweisen konnte, aber nur wenige Aktivposten. Gerade für kleine Besucher war es nur mäßig erbauend, die in Reih und Glied aufgestellten Exponate, die überdies aus der Zeit der Urgroßeltern stammten, ausschließlich betrachten zu dürfen.

Seit einigen Jahren ist es umgekehrt. Der Schwerpunkt liegt ganz auf Mitmachen, Entdecken und Gestalten – auf Spielen eben. Top-Attraktion ist eine von Schülern der renommierten Holzfachschule Kuchl entworfene Riesenkugelbahn, die die Murmel über zahlreiche Ebenen sausen lässt und ihre Reise mit Melodien begleitet. Im neu konzipierten Spielzeugmuseum sind der Phantasie kaum Grenzen gesetzt. Basteln mit unterschiedlichen Materialien gehört ebenso zum Programm wie Musik-Sessions. Beim Turmbau können die kleinen Besucher ihre Geschicklichkeit unter Beweis stellen, auf Wackelsofas ihr Balancegefühl testen. Gut ausgestattete Werkzeugkästen dürfen ebenso wenig fehlen wie eine Carrera-Rennbahn.

Verblüffende Parallelen zeigen die Wechselausstellungen auf, die Aspekte des Spiels in fremden Kulturen thematisieren. Man erfährt etwa, dass in China der Affenkönig die Funktion des Kasperl hat. Die wenigen Exponate hinter Glas befinden sich auf Augenhöhe der kleinen Besucher, damit die Museumserfahrung nicht frustrierend wird. Wem das Remmidemmi zu groß wird, kann sich in Kuschel- und Leseecken zurückziehen oder bei einigen Runden auf der Indoor-Rutschbahn Spannung abbauen. Und wenn alles nach Plan verläuft, dürfen sich die Eltern an der Teebar entspannen. Perfekt für einen Regentag.

Adresse Bürgerspitalgasse 2, A-5020 Salzburg, Tel. +43 (0)662/620808300, www.salzburgmuseum.at/spielzeugmuseum.html | **Öffnungszeiten** Di–So 9–17 Uhr | **ÖPNV** Buslinien 1, 4, 8, 22, Haltestelle Herbert-von-Karajan-Platz | **Tipp** Alle zwei Wochen jeweils mittwochs sind Kasperl, Gretel und Co. zu Gast in der Bürgerspitalgasse.

SALZBURG

89 Das Spirituosengeschäft
Von A wie Allasch bis Z wie Zirbe

Gäbe es zur Slow-Food-Bewegung ein Pendant im Bereich geistiger Getränke, so wären die Produkte des winzigen Spirituosengeschäfts Sporer ein Top-Kandidat. Der Familienbetrieb hat es in der Erzeugung höherprozentiger, teils exotischer Liköre zu großer Meisterschaft gebracht. So findet man etwa in den Regalen den Allasch, einen halbsüßen Kümmellikör, der andernorts kaum mehr erhältlich ist. Vor Kurzem hat man einen Bierlikör aus früheren Zeiten wiederbelebt. Großer Beliebtheit erfreut sich auch der aus echtem Filterkaffee gebraute Mocca Likör. – Ein Likör Marke Sporer darf nicht zu süß und nicht zu überladen mit Gewürzen sein. Künstliche Aromen sind verpönt. Ein weiteres Merkmal: Der Alkoholgehalt liegt über jenem herkömmlicher Liköre. Manche Chargen umfassen nur 200 bis 300 Liter pro Jahr.

Knapp die Hälfte der 40 erzeugten Produkte sind Liköre. Im Sortiment finden sich auch Brände und Schnäpse wie etwa der harzig schmeckende Zirbenschnaps, für den junge Zirbenzapfen in Kornbrand angesetzt werden. Aus dem Jahr 1927 stammt das Rezept für den Orangenpunsch, der zur Adventszeit in Salzburg ein Evergreen ist. In das fruchtbetonte Konzentrat haben verschiedene Rumsorten, Orangen und Zitronen Eingang gefunden. Das genaue Rezept wird als Familiengeheimnis gehütet. Ebenso jenes für die Hausmischung, das bei Sporer-Kunden erstmals in den 1950er Jahren für ein Abklingen des Völlegefühls nach einem üppigen Essen sorgte. Nur so viel wird verraten: 19 verschiedene Beeren, Kräuter und Wurzeln fließen in den feinherben Kräuterbitter (38 Prozent Alkohol) ein. Auf 38 Quadratmetern sind die Erzeugnisse effektvoll in Szene gesetzt. Blickfang in dem Kontor ist die Doppelreihe mit 18 Holzfässern, die als Behältnisse für Rum-Tee, andere geistige Getränke und Hausessig dienen. Auf Wunsch kann man sein Lieblingsgetränk auch direkt vom Fass in die mitgebrachte Flasche abfüllen lassen.

Adresse Spirituosen Sporer, Getreidegasse 39, A-5020 Salzburg, Tel. +43 (0)662/845431, www.sporer.at | **Öffnungszeiten** Mo–Fr 9.30–19 Uhr, Sa 8.30–17 Uhr | **ÖPNV** Buslinien 1, 4, 8, 22, Haltestelle Herbert-von-Karajan-Platz | **Tipp** Werfen Sie einen genaueren Blick auf den Gebäudeeingang. Hier ist ein Set historischer Seilzugklingeln zu sehen.

SALZBURG

90__Das Stefan Zweig Centre
Späte Anerkennung für einen großen Europäer

Anna Meingast heißt die Frau, die einen wichtigen Beitrag zu einem in Salzburg lange überfälligen Museum geleistet hat. Sie war lange Jahre die Sekretärin von Stefan Zweig, der von 1919 bis 1934 in der Salzach-Stadt lebte und sie nach einer Hausdurchsuchung durch die Polizei des austrofaschistischen Ständestaates verließ (ein weiterer Grund war seine zerrüttete Ehe). Meingast blieb Zweigs Vertrauensperson in Salzburg. Jahrzehnte später tauchten aus ihrem Nachlass Briefe des Autors und persönliche Gegenstände auf, die Zweigs Schaffen in der Stadt und in den ersten Jahren seines Exils dokumentieren. Die Sammlung fand Eingang in die Ausstellung des 2008 eröffneten Stefan Zweig Centre Salzburg auf der Edmundsburg.

In fünf Kapiteln dokumentiert die Schau Zweigs Lebensstationen und sein literarisches Werk bis hin zu seinem berühmten Erinnerungsbuch »Die Welt von Gestern«, das erst nach dem Freitod des Autors 1942 in Brasilien erschien. Originalbriefe, Fotografien, Filmplakate und viele weitere Exponate zeichnen das Bild eines Menschen, der sich für die Ideale des Pazifismus und den Zusammenhalt Europas nach dem Ersten Weltkrieg starkgemacht hat. Zu sehen ist die Schreibmaschine, auf der Meingast die Korrespondenz für Zweig verfasste. Mit Blankoschecks, die Zweigs Unterschrift tragen und die seine Sekretärin einlösen durfte, sorgte der Autor für seine langen Reisen vor.

Stadt, Land und Universität Salzburg tragen das Stefan Zweig Centre. Es liegt am »anderen« Stadtberg, den Zweig nicht bewohnte – dem Mönchsberg. Eine umfassende Bibliothek bietet Forschern die Möglichkeit, sich wissenschaftlich mit Zweig und seiner Zeit zu befassen und Originalausgaben einzusehen. Auf dem Programm des Centre stehen auch Vorträge, Lesungen und wissenschaftliche Tagungen zum Werk des berühmten Schriftstellers sowie zur europäischen Literatur- und Kulturgeschichte.

Adresse Edmundsburg, Mönchsberg 2, A-5020 Salzburg, Tel. +43 (0)662/80447641, www.stefan-zweig-centre-salzburg.at | **Öffnungszeiten** Mo, Mi, Do, Fr 14–16 Uhr, Führungen nach tel. Voranmeldung | **ÖPNV** Buslinien 1, 4, 8, 22, Haltestelle Herbert-von-Karajan-Platz, 10 Minuten zu Fuß über Toscanini-Hof und Clemens-Holzmeister-Stiege | **Tipp** Literaturfreunde können sich etwa in der Buchhandlung Höllrigl, Sigmund-Haffner-Gasse 10, oder in der Rupertus Buchhandlung, Dreifaltigkeitsgasse 12, mit Salzburg-Lesestoff eindecken.

SALZBURG

91 Die Stefan Zweig Villa
Schriftsteller-Refugium am Kapuzinerberg

Wenn die Schneeflocken wirbeln, rutscht der Kapuzinerberg beinahe von der Salzburger Landkarte herunter. Dann benötigt man entweder gute Stiefel oder gute Fahrkenntnisse, um den steilen Anstieg von der Linzer Gasse aus zu bewältigen. Für die Bewohner können die äußeren Umstände auch Schutz vor ungebetenem oder allzu häufigem Besuch bedeuten. Und vielleicht mietete sich auch der Schriftsteller Stefan Zweig (1881–1942) deswegen am Kapuzinerberg ein, um in seinem anstrengenden öffentlichen Leben einen Ruhepol zu haben.

15 Jahre lang bewohnte er das im 17. Jahrhundert erbaute sogenannte Paschinger Schlössl, das er 1919 in desolatem Zustand erworben hatte. Hier empfing er berühmte Persönlichkeiten von Arturo Toscanini über James Joyce und Thomas Mann bis zu H. G. Wells. Auf der Terrasse arbeitete er an seinen Essays und historischen Biografien über Joseph Fouché und Marie Antoinette, die ihn zu einem der meistübersetzten Schriftsteller seiner Zeit machen sollten. Regelmäßig trat er den Weg hinab in die Stadt an, um im Café Bazar Hof zu halten oder Zeitungen zu lesen.

Zweig selbst bezeichnete das gelbe Herrenhaus als seinen »Abstoßpunkt nach Europa«. 1934 übernahmen die Faschisten die Macht in Österreich. Nach einer Durchsuchung seines Hauses auf Waffen verließ Zweig Salzburg, brach alle Brücken ab und veranlasste, dass sein Anwesen verkauft wurde. Damit rutschte auch die Zweig-Villa von der literarischen Landkarte – bis zum heutigen Tag. Mauern, Zäune, Hecken und Verbotsschilder schirmen das Anwesen von allen Seiten hermetisch ab. Die heutigen Besitzer wollen nicht, dass Zweigs ehemaliger Wohnort zur Pilgerstätte von Schaulustigen und Literaturtouristen wird. Eine Gedenktafel findet sich nicht. So erinnern heute nur der Stefan-Zweig-Weg und eine in den 1980er Jahren aufgestellte Büste neben dem Kapuzinerkloster an den großen Europäer und Pazifisten.

Adresse Kapuzinerberg 5 / Stefan-Zweig-Weg, A-5020 Salzburg | **ÖPNV** Buslinien 1, 3, 4, 5, 6, 21, 22, 25, 27, 160, 170, Haltestellen Theatergasse oder Makartplatz, 5 Minuten zu Fuß bis zum Anstieg Kapuzinerberg von der Franziskuspforte in der Linzer Gasse | **Tipp** Die selbst entworfene Tür am Fuße des Gartens ist ein Geschenk der ersten Frau des Dichters, Friderike von Winternitz. Ein anderer, sehr reizvoller Weg auf den Kapuzinerberg führt über die Imbergstiege.

SALZBURG

92 Die Steingasse

Die ungeschminkte City-Version Salzburgs

Wer sich an all den barocken Fassaden und schönen Ausblicken Salzburgs sattgesehen hat, kann in der Steingasse am rechten Salzachufer eine ungeschminkte Version der Stadt kennenlernen. Ein paar Schritte nur legt man vom Platzl aus zurück, dann rücken die Häuser eng aneinander, die Fassaden werden grauer und eine Spur trister, die Schatten tiefer.

Hafner, Gerber, Leinenweber und andere Handwerker, die auf das Wasser des nahen Flusses angewiesen waren, gingen einst unter den Abhängen des Kapuzinerberges ihrer Arbeit nach. Bei ihren Verrichtungen begleitete sie das Rumpeln der Fuhrwerke, die auf der lange Zeit wichtigsten Nord-Süd-Verbindung Salzburgs durch die Gassenschlucht rollten.

Im Jahr 1792 erblickte in der Steingasse Joseph Mohr als uneheliches Kind einer armen Strickerin das Licht der Welt. Die Patenschaft für den Buben übernahm der Henker, der so sein Image aufmöbeln wollte. Lange nach seinem Tod gelangte Mohr als Verfasser des Weihnachtsliedes »Stille Nacht, heilige Nacht« zu Berühmtheit. Da waren seine Spuren bereits verwischt. Man glaubt heute nicht mehr, dass das per Gedenktafel ausgewiesene Gebäude neben der Imbergstiege (Steingasse 9) tatsächlich Mohrs Geburtshaus war.

Spaziert man weiter bis zur Steingasse 31, der historisch wahrscheinlich korrekten Adresse, und weiter zum Äußeren Stein, offenbart das bescheidene Gässchen seinen widersprüchlichen Charakter. Zum einen unterwirft es sich mit seinen Biegungen ganz der Felsgewalt des Kapuzinerbergs, zum anderen leistet es Widerstand und geht in die Offensive. In ihrem Streben nach mehr Wohnraum begannen die Steingassenbewohner nämlich, in den Berg hineinzubauen. Ihren Drang nach Licht und Luft spiegeln die kleinen Terrassen und Balkone hoch über den Köpfen wider. Gegen den Äußeren Stein mogelt sich das ein oder andere Stück moderne Architektur in das mittelalterlich geprägte Bild.

192

Adresse Steingasse 9, A-5020 Salzburg | **ÖPNV** Buslinien 3, 5, 6, 7, 8, 20, 25, 28, 160, 170, Haltestellen Mozartsteg/Imbergstraße oder Haltestelle Äußerer Stein (stadteinwärts) beziehungsweise Mozartsteg/Rudolfskai (stadtauswärts) | *Tipp* Lassen Sie es sich auf der Steinterrasse, Hotel Stein, Giselekai 3–5, gut gehen, die nach Hotel-Komplettsanierung noch cooleres Flair verströmen soll als bisher.

SALZBURG

93 Das Steintheater

In Hellbrunn wurde Operngeschichte geschrieben

Mitunter wird übersehen, dass Salzburg schon lange vor Mozarts Geniestreichen und Äonen vor den Salzburger Festspielen, die 1920 erstmals in Szene gingen, eine Metropole des europäischen Musikschaffens war. Ein wichtiger Schauplatz dieser musikalischen »Frühgeschichte« ist das Steintheater am Hellbrunner Berg. Die Felsenbühne entstand aus einem Steinbruch, aus dem vor 400 Jahren das Baumaterial für das fürstliche Lustschloss Hellbrunn im Süden der Stadt kam. Der kunstsinnige Markus Sittikus, der für Musikspektakel und Mummenschanz Unsummen ausgab, erkannte in dem Loch am Berg Potenzial für einen stimmungsvollen Aufführungsort. Am 31. August 1617, wenige Monate bevor der Dreißigjährige Krieg über Mitteleuropa hereinbrechen sollte, lud der Erzbischof zu einem extravaganten Spektakel: Die Aufführung der Oper »L'Orfeo« von Claudio Monteverdi. Groß waren das »Ah« und das »Oh«, als die Sänger und Schauspieler über verborgene Zugänge auf der Bühne erschienen und wieder verschwanden – Orpheus gleich, der in die Unterwelt hinabsteigt, um seine geliebte Eurydike zurückzugewinnen.

Als »erste Opernaufführung auf deutschem Boden« ist das Event auf einer Gedenktafel vermerkt. Dass es sich zumindest um die erste Freiluft-Opernaufführung in Mitteleuropa handelte, gilt als gesichert. Das halb im Konglomeratfels versenkte, halb aus ihm herausgehauene Theater präsentiert sich heute als verwunschener Ort abseits der Touristenpfade. Es braucht nur wenig Phantasie, um im Schatten von Büschen und Bäumen einen Faun, eine Nymphe oder andere mythologische Wesen zu erspähen, deren marmorne Brüder und Schwestern den nahen Schlosspark bevölkern. Licht, Wasser und Bühnentechnik kennt das vergessene Theater nicht. Und so erklingt im alten Steinbruch praktisch nur mehr Musik, wenn das Salzburger Volksliedwerk zu Maria Himmelfahrt (15. August) zum Hellbrunner Volksliedsingen lädt.

Adresse Schlosspark Hellbrunn, Fürstenweg 37, A-5020 Salzburg, Tel. +43 (0)662/8203720. Das Steintheater ist über den Schlosspark (kostenloser Zugang) zu erreichen. Der Weg erfordert rutschfestes Schuhwerk | **Öffnungszeiten** ganzjährig | **ÖPNV** Buslinie 25 ab Hauptbahnhof, Haltestelle Fürstenweg | **Tipp** Das auf halbem Weg gelegene Monatsschlössl präsentiert eine sehenswerte Sammlung zur Salzburger Volkskunst.

SALZBURG

94__Die Stiegl Brauwelt
Zur Biergeschichte gibt's bierige Experimente

Dass Bier und Frauen Welten voneinander getrennt seien, wird oft behauptet. Aber dem war offenbar nicht immer so. Oder haben Sie gewusst, dass das Bierbrauen zumindest im Salzburgischen bis in das 17. Jahrhundert Frauensache war und dass nicht wenige Frauen einen Braukessel als Mitgift in die Ehe brachten? Nein? Es sind Erkenntnisse wie diese, die einen Besuch in der Stiegl Brauwelt im Stadtteil Maxglan lohnenswert machen.

Stiegl ist heute die größte Privatbrauerei Österreichs. Seit der Gründung im Jahr 1492 hat sich einiges angesammelt, das sich unter der Patronanz von Gambrinus, dem legendären König des Bieres, ansprechend präsentieren lässt. Prachtvolle Bierkrüge, originale Gerätschaften aus längst vergangener Zeit, Zunftzeichen, der größte »Bierturm« der Welt und vieles mehr umfasst die Sammlung. Der Turm der ehemaligen Mälzerei bietet eine stimmige Kulisse für spannend aufbereitete Biergeschichte(n). So soll beispielsweise anno dazumal nach dem Prinzip Hoffnung gebraut worden sein. Bei mehr als der Hälfte der Sude ging etwas schief beziehungsweise waren »Hopfen und Malz verloren«.

In der Erlebnisbrauerei können Besucher den kreativen Köpfen des Hauses über die Schulter schauen. Diese Mini-Brauerei verlassen Spezialbiere wie das »Wildshuter Sortenspiel«, das mit den Urgetreidesorten Dinkel und Emmer verfeinert wurde, oder Kreationen mit Kräutern. Zu Weihnachten wird auch mal Honig eingebraut. Die Botschaft: Bier ist alles andere als langweilig. Das beginnt beim künstlerisch gestalteten Etikett und endet damit, dass die »Hausbiere« jeweils nur wenige Wochen erhältlich sind. Also zugreifen! Mit leichteren Biersorten und Mischgetränken wird auch versucht, den Geschmack von Frauen besser zu treffen.

Die Schnittmenge zwischen gehobener Kulinarik und Bier – Beispiel: Tiramisu vom Honigbier – wird in der Paracelsus-Stube ausgelotet.

196

Adresse Stiegl Brauwelt, Bräuhausstraße 9, A-5020 Salzburg (Maxglan), Tel. +43 (0)662/83871492, www.stiegl.at | **Öffnungszeiten** Sept.–Juni täglich 10–17 Uhr, Juli und Aug. 10–19 Uhr | **ÖPNV** Obus 1, 8, Haltestelle Bräuhausstraße | **Tipp** Fremdenführerin Martina Gyuroka bietet eine interessante Bierwanderung durch Salzburg an, Kontakt auf www.salzburg-bierguide.at, Tel. +43 (0)664/1456250.

SALZBURG

95 Der Stieglkeller

Stammtischkultur mit schönen Aussichten

Baldige Erlösung für durstige Besucher verkündet die Hinweistafel
»Nur 60 Schritte« in der Festungsgasse in Richtung Stieglkeller. Die
Biergärten auf den Hangterrassen unterhalb der Festung bieten
prachtvolle Aussichten auf die Altstadt. Die Kuppeln des Domes befinden sich auf Augenhöhe, Kirchtürme sind zum Greifen nah, und
gegenüber hockt der Kapuzinerberg. So viel Atmosphäre erhöht die
Vorfreude auf frisch gezapften Gerstensaft. Die Anfänge des
Stieglkellers gehen auf das Jahr 1820 zurück, als der damalige Besitzer des Stieglbräus die in den Felsen hineinreichenden Räume
des Anwesens Festungsgasse Nummer 206 als Lagerkeller zu nutzen begann.

   Das schäumende Kulturgut sollte durch angekarrte Eisplatten
und Gottes Segen, wie die kleinen Wandaltäre mit Kruzifixen in den
Kellerräumen andeuten, auf konstanter Temperatur gehalten werden. Im Jahr 1840 baute man erstmals die Terrassen darüber aus, die
zuvor als Befestigungswerk gedient hatten. Für die Baugenehmigung
war damals die sogenannte »Geniedirektion« zuständig. In den »bier-
seligen Jahren« vor dem Ersten Weltkrieg, als in Salzburg der Bier-
konsum pro Erwachsenem und Jahr sagenhafte 200 Liter erreichte
(Österreich aktuell: circa 109 Liter), war der Stieglkeller die Salzburger Einkehrstätte schlechthin.

   Auch heute ist der Keller ein beliebter Treffpunkt, der seine Gäs-
te mit Brauchtum und Hausmannskost anlockt. Der in Etagen angelegte Biergarten ist eher ein sommerliches Vergnügen. Aber es gibt
in diesem groß dimensionierten Biertempel mehrere Säle und Stu-
ben, die etwa 1.200 Personen Platz bieten. Die Bierstuben verströmen eine gemütliche Aura, ebenso der große Saal mit seinem hölzernen Tonnengewölbe. Vom Stiegenhaus geht es steil zur
Bischofsgalerie empor, einem Balkon mit Arkaden. Reserviert man
rechtzeitig, kann man mit etwas Glück zur Festspielzeit bei einem
kühlen Bier den Jedermann-Rufen lauschen.

Adresse Festungsgasse 10, A-5020 Salzburg, www.restaurant-stieglkeller.at | **Öffnungszeiten** Mo–Fr 11.30–23 Uhr, Sa, So und Feiertage ab 11 Uhr | **ÖPNV** Obus 1, 3, 4, 5, 6, 7, 8, Haltestellen Rathaus, Mozartsteg | **Tipp** Auf dem Weg zum Stieglkeller über die Festungsgasse kommt man am Friedhof St. Peter vorbei, wo sich das Grab des Salzburger »Bier-Dichters« Otto Pflanzl (1865–1943) befindet.

SALZBURG

96_Das Stift Nonnberg

1.300 Jahre Einsamkeit

Tretet ein und lasset alle Hektik fahren! So könnte das Motto von Stift Nonnberg lauten, wenn, ja wenn das älteste Frauenkloster im deutschen Sprachraum denn auf Kontakt mit der Außenwelt großen Wert legen würde. Tut es aber nicht. Seit unvorstellbaren 1.300 Jahren leben am südöstlichen Ausläufer des Festungsberges Nonnen nach der Regel des heiligen Benedikt von Nursia.

Jeder Schritt, den man auf dem »Hohen Weg« in Richtung Stift zurücklegt, scheint einen tiefer in die Vergangenheit zu befördern. Die Nonnberger Benediktinerinnen, etwa zwei Dutzend sind es noch, leben in strenger Klausur. Frei zugänglich sind neben dem malerischen Friedhof mit seinen marmornen Grabplatten, verblichenen Epitaphen und schmiedeeisernen Kreuzen nur die Klosterpforte und die Abteikirche. Schwach klingen die Geräusche aus der Stadt herauf. Zum Hort der Stille wird das Kloster, wenn man das reich verzierte Portal der spätgotischen Basilika durchschreitet und die hölzerne Tür hinter sich schließt.

Drinnen herrscht Halbdunkel. Die Klosterfrauen haben Perfektion darin erreicht, ihre Welt vor Besuchern hermetisch abzuschließen. Der goldglänzende Flügelaltar oder die spätromanischen Heiligenfresken, erschaffen etwa um 1150, erschließen sich nur dem, der ein 50-Cent-Stück einwirft und damit Illuminationszeit für die größten kunsthistorischen Schätze des Stifts erwirbt. Einen Blick wert ist auch die Krypta mit ihren frei stehenden Säulen und dem Netzrippengewölbe.

Die Illusion einer Zeitreise wird perfekt, wenn aus dem abgeschotteten Nonnenchor, hinter einem Balkon aus Milchglasscheiben, plötzlich dünner Gesang dringt. Choräle, die durch Rhythmik und Wiederholung einen beruhigenden, beinahe hypnotischen Charakter entfalten und auch die Besucher für einige Minuten an der Weltabgeschiedenheit dieses Orts im Schatten der Festung Hohensalzburg teilhaben lassen.

Adresse Nonnberggasse 2, A-5020 Salzburg, Tel. +43 (0)662/841607 | **Öffnungszeiten** täglich ab 7 Uhr bis Einbruch der Dunkelheit (Sommer bis 19 Uhr) | **ÖPNV** Buslinien 3, 5, 6, 7, 8, 20, 25, 28, 170, 270, Haltestelle Justizgebäude, 10 Minuten zu Fuß über Kajetanerplatz und Kaigasse | **Tipp** Den Schlüssel zur Johanniskapelle mit einem spätgotischen Altar aus der Schule von Veit Stoß erhält man an der Klosterpforte.

SALZBURG

97__Der Stiftsarmstollen
Das Herzstück des Almkanals zu Fuß erkunden

Der Stiftsarmstollen bildet eines der ungewöhnlichsten Ausflugsziele Salzburgs. Der Tunnel ist das Herzstück des Almkanals, der seit dem Mittelalter Salzburg mit Wasser aus den Bergen südlich der Stadt versorgt. Nur bei der »Almabkehr« im September, wenn das weitverzweigte System gewartet wird, bietet sich die Gelegenheit, den 400 Meter langen Stiftsarmstollen auf einer geführten Tour zu besichtigen. Unterhalb des »Bürgermeisterlochs« verschwindet dieser Zweig des Almkanals im Berg. Gummistiefel an, Taschenlampe eingeschaltet und hinein in den Bauch von Salzburg.

Der Bau des Stiftsarmstollens (1136–1143) gilt als Glanzleistung mittelalterlicher Ingenieurskunst. Mit einfachsten Mitteln trieben Arbeiter im Auftrag von Domkapitel und Stift St. Peter den Stollen an der engsten Stelle zwischen Festungsberg und Mönchsberg durch den Fels. Vom leicht zu bearbeitenden Konglomeratgestein bis zum harten Dolomit trafen sie auf unterschiedlichste Gesteinsformationen, was mit ein Grund ist, warum der vermutlich älteste Wasserleitungsstollen Mitteleuropas mancherorts nur 1,60 Meter hoch ist und Biegungen aufweist.

Verblüffende Anblicke bieten sich. Auf den ersten Metern trifft man auf lichtscheue Spinnen, die ihre Netze am nassen Gestein bauen. Gotische Spitzbögen und andere Gewölbeformen lassen erkennen, in welcher Epoche bestimmte Abschnitte saniert wurden. Mini-Stalaktiten glänzen im Licht der Taschenlampen. Eine zu Ausbesserungszwecken in den Stollen geschleppte Grabplatte ist zu erkennen. Eine weitere Platte aus Adneter Marmor zeigt die Umrisse eines versteinerten Ammoniten. Unterhalb der Festungsbahn, wo man wieder das Tageslicht erblickt, verzweigt sich der Stollen weiter.

Im Altstadt-Bereich wird das Almkanal-Wasser heutzutage vor allem zu Kühlzwecken und zur Energiegewinnung genutzt. Für den Weg zurück lautet die Devise: noch mal den Kopf einziehen!

Adresse Brunnhausgasse/Ecke Hans-Sedlmayr-Weg, A-5020 Salzburg | **Öffnungszeiten** Zur »Almabkehr« im September, Informationen über Führungen auf der Webseite www.almkanal.at | **ÖPNV** Buslinien 5, 25, Haltestelle Erzabt-Klotz-Straße | **Tipp** Sehenswert ist die Almkanal-Ausstellung im Ausgangsbereich der Festungsbahn (Durchgang auch vom Schmuckgeschäft nebenan).

SALZBURG

98__ Die Stiftsbäckerei
Nirgendwo schmeckt das Brot besser

Zwischen Kapitelplatz und Festungsgasse stecken Imbissbuden und Souvenirstände den Erlebnisrahmen ab. Und doch lässt sich ausgerechnet in dieser sehr touristischen Ecke eine Erfahrung machen, die zu den sinnlichsten in Salzburg zählt. Dafür muss man sich einfach von der Neugier leiten lassen und einem fremden, aber doch seltsam vertrauten Geräusch folgen, das seinen Ursprung hinter einem schmiedeeisernen Tor hat. Und spätestens wenn man vor dem klappernden Mühlrad steht, steigt einem auch schon ein unvergleichlicher Geruch in die Nase, den man aus der Kindheit kennt: Es duftet nach herrlich frischem Brot.

Ein paar Stufen weiter unten liegt die kleine und archaisch anmutende Welt der Stiftsbäckerei St. Peter. Seit gut 700 Jahren ist in den Gewölben der mittlerweile letzten Altstadtbäckerei das Handwerk des Brotbackens praktisch unverändert geblieben. Alles dreht sich um das »St. Peter-Brot«, ein reines Sauerteigbrot, das bis zu einer Woche lang frisch bleibt. Wasser, Mehl und Salz lautet die Devise, der Roggen wird aus den besten Anbaugebieten Österreichs im niederösterreichischen Waldviertel bezogen.

Nachhaltiges Wirtschaften spielt eine Schlüsselrolle. Der Ökostrom kommt vom Mühlrad vor der Tür, das vom Wasser des Almkanals angetrieben wird, das Holz aus den stiftseigenen Wäldern. Der Verkaufsraum ist zugleich auch die Backstube. So kann man den Bäckern zusehen, wie sie die zwei Kilo schweren Laibe hin und her schieben, bis sie perfekt gebacken sind. An einem durchschnittlichen Backtag verlassen etwa 200 bis 300 Kilogramm des »St. Peter Brots« die Öfen. Dazu kommen zwei Sorten von Kleingebäck, mit dem sich Touristen gern stärken. Nach Milchprodukten, Softdrinks oder gar Souvenirs sucht man hier vergeblich. Man sieht, was man isst. Wenn das Holzofenbrot in Papier gewickelt wird, ist es noch warm. Am liebsten würde man sofort seine Zähne in den Laib hineinschlagen.

Adresse Stiftsbäckerei St. Peter, Kapitelplatz 8, A-5020 Salzburg, Tel. +43 (0)662/847898 | **Öffnungszeiten** Mo, Di, Do, Fr 7–17 Uhr, Sa 7–13 Uhr | **ÖPNV** Buslinien 3, 5, 6, 7, 8, 20, 25, 28, 160, 170, Haltestelle Mozartsteg/Rudolfskai | **Tipp** Weine von den Gütern des Erzstifts St. Peter sowie Liköre zählen zu den Spezialitäten, die man im nahen Klosterladen St. Peter erstehen kann.

SALZBURG

99___Der Stupa
Buddhistisches Energiekraftwerk am Mönchsberg

Wer auf den Salzburger Bergen unterwegs ist, begegnet früher oder später auch den im Wind flatternden bunten Fahnen, die manche Alpinisten als Freunde buddhistischen Gedankenguts ausweisen. Doch der Stupa auf dem Mönchsberg, der im Herbst 2011 seiner Bestimmung übergeben wurde, war doch ein etwas überraschender Anblick für viele Einheimische. Vier Meter hoch wächst er aus einer Lichtung mit Blick auf die Festung Hohensalzburg empor. Über einem stufenartigen Granitsockel läuft er in einer goldenen Spitze aus. Wimpel in den Farben Weiß, Rot, Gelb, Blau und Grün verstärken seine exotische Aura.

Die Errichtung sorgte für Verwunderung, weil auf dem Mönchsberg normalerweise eine Baugenehmigung extrem schwierig zu bekommen ist. Doch technisch gesehen ist ein Bauwerk begehbar – und das ist dieses buddhistische Symbol der Erleuchtung und des Friedens nicht. Also war für den Bau des sogenannten Erleuchtungsstupa nur eine Ausnahmegenehmigung nötig, zumal die Stadt die von der Salzburger Gemeinde des Diamantweg-Buddhismus ausgehende Initiative gern unterstützte.

Bei der Errichtung eines Stupa bleibt nichts dem Zufall überlassen. Den Platz auf dem Mönchsberg wählte ein hoher Meister persönlich aus. In einer präzise festgelegten Zeremonie wurde der Stupa mit Tausenden Reliquien, Mantrarollen und buddhistischen Texten, gruppiert um einen Lebensbaum, gefüllt und verschlossen. All das sind wichtige Voraussetzungen, damit der Stupa seinen Zweck erfüllt: als Energiekraftwerk zum Wohle aller zu arbeiten. Das tut er sowohl durch seine Form als auch durch die im Inneren bewahrten »Juwelen«. Wenn also dieser Stupa tatsächlich dabei hilft, die Menschen zu ihrer inneren Kraft zu führen, gut so. Und mögen alle, die nicht davon überzeugt sind, einfach durch einen Spaziergang oder das Naturerlebnis am Mönchsberg zu mehr Ausgeglichenheit und innerem Frieden gelangen.

206

Adresse Mönchsberg, A-5020 Salzburg; via Clemens-Holzmeister-Stiege, Dr.-Herbert-Klein-Weg und Oskar-Kokoschka-Weg zum »Buffet Richterhöhe«; 80 Meter nördlich, an einem nicht bezeichneten Spazierweg, ist der Stupa zu finden, www.stupa-salzburg.at | **Öffnungszeiten** Der Stupa ist frei zugänglich. | **ÖPNV** Mönchsbergaufzug ab Bushaltestelle Mönchsbergaufzug, circa 15 Minuten zu Fuß | **Tipp** Beim »Buffet Richterhöhe« kann man die Begegnung nachwirken lassen und sich für die Fortsetzung der Mönchsberg-Tour stärken.

SALZBURG

100__Das Taufbecken im Dom

Initiation von Mozart bis Mohr

Durch das mächtige Tor des Doms, dann links halten und die erste Seitenkapelle ansteuern. In ihrer Mitte befindet sich ein großes bronzenes Taufbecken. Ein Ort, an dem die Jahrhunderte in Salzburg zu verschwimmen beginnen. Laut Inschrift wurde es 1321 von einem Meister Heinrich geschaffen. Die Bronzelöwen, auf denen das Taufbecken ruht, dürften bereits um 1160 entstanden sein.

Reliefdarstellungen von Salzburger Heiligen, Bischöfen und Äbten zieren die Beckenwand. Den Deckel fertigte im Jahr 1959 der Bildhauer Toni Schneider-Manzell, er zeigt zwölf alt- und neutestamentarische Motive, die mit Taufe, Wasser und Auferstehung zu tun haben. Man sieht unter anderem die Taufe Christi, die Arche Noah sowie Moses, wie er Wasser aus dem Felsen schlägt.

Seit Hunderten von Jahren wird das Becken für liturgische Zwecke genutzt. Es stand bereits im romanischen Dom, der nach einem Brand 1598 abgerissen wurde. Als 1628 der neue barocke Dom eingeweiht wurde, stellte man das Becken dort wieder auf. Ab dem 17. Jahrhundert sind die Taufbücher erhalten. Wer im Bereich der Dompfarre – im Wesentlichen die heutige Altstadt – das Licht der Welt erblickte, wurde an diesem Taufbecken in die christliche Gemeinschaft aufgenommen. Am 28. Jänner 1756 etwa taufte Stadtkaplan Lamprecht einen Buben aus der Getreidegasse, der unter dem Namen Wolfgang Amadeus Mozart weltberühmt werden sollte. »Joannes Chrysostomus Wolfgangus Theophilus« steht im Taufbuch zu lesen.

Am 11. Dezember 1792 empfing ein gewisser Joseph Mohr im Dom das Sakrament der Taufe. Als Pate trat der Scharfrichter Wohlmuth auf, der sich allerdings vertreten ließ, als der Bub über das Becken gehalten wurde. Mohr sollte als Dichter des »Stille Nacht«-Liedes, das am Weihnachtsabend auch im Dom erklingt, unsterblich werden. Heute sind Taufen im Dom selten geworden. Im Bereich der Dompfarre kommen kaum mehr Kinder zur Welt.

Adresse Domplatz 1a, A-5020 Salzburg, Tel. +43 (0)662/80477950, www.salzburger-dom.at | **Öffnungszeiten** Jan., Feb. und Nov. Mo–Sa 8–17 Uhr, So 13–17 Uhr; März, April, Okt. und Dez. Mo–Sa 8–18 Uhr, So 13–18 Uhr; Mai–Sept. Mo–Sa 8–19 Uhr, So 13–19 Uhr | **ÖPNV** Buslinien 3, 5, 6, 7, 8, 20, 25, 28, 160, 170, Haltestelle Mozartsteg/Rudolfskai | **Tipp** Die spätromanische Chorkrypta beherbergt die Installation »Vanitas« von Christoph Boltanski, die in Licht-Schattenspielen und einer monotonen Zeitansage die Vergänglichkeit und die Nichtigkeit materiellen Lebens thematisiert.

SALZBURG

101 _ Die Thomas-Bernhard-Gedenktafel

Eine Hassliebe, die Literaturgeschichte schrieb

Thomas Bernhard (1931–1989) ist in die österreichische Literaturgeschichte als jener Dichter eingegangen, der mit seiner Heimat so gnadenlos umgesprungen ist wie kein anderer. Gern wird sein Verhältnis zu Österreich als Hassliebe beschrieben. Besonders abgearbeitet hat sich Bernhard an Salzburg, wo er von 1943 an mehr als ein Dutzend Jahre lang seinen Lebensmittelpunkt hatte. Vielleicht waren es auch die elenden Umstände – Not, schulische Misserfolge, familiäre Verstrickungen und eine schwere Lungenkrankheit –, die ihm die Stadt so verleideten und ihn noch Jahrzehnte später zu legendären Tiraden ausholen ließen. »Salzburg ist eine perfide Fassade, auf welche die Welt ununterbrochen ihre Verlogenheit malt und hinter der das (oder der) Schöpferische verkümmern und verkommen und absterben muß. Meine Heimatstadt ist in Wirklichkeit eine Todeskrankheit …«, wütete er in seiner autobiografischen Erzählung »Die Ursache« (1975).

Stilistisch sind solche Passagen grandios. Inhaltlich nahmen ihm die Salzburger die Beschimpfungen natürlich übel. Doch vielleicht wäre der »Übertreibungskünstler«, wie er einmal bezeichnet wurde, ohne Salzburg als Reibungsfläche nicht zu jener großen Form aufgelaufen, die seine Theaterstücke in den 70er und 80er Jahren zu Höhepunkten der Salzburger Festspiele machte. Einige seiner erfolgreichsten Werke wie »Der Ignorant und der Wahnsinnige« (1972) und »Der Theatermacher« (1985) erlebten in der Inszenierung von Claus Peymann ihre Uraufführung am Salzburger Landestheater, das er noch Jahre zuvor als »Rummelplatz des Dilettantismus« bezeichnet hatte. Ohne Turbulenzen ging es dabei selten ab – aber gerade die Erregung begriff Bernhard auch als Teil des »Salzburg-Theaters«. Eine 2001 enthüllte Gedenktafel erinnert an die fünf Bernhard-Uraufführungen am Landestheater.

210

Adresse Schwarzstraße 22, A-5020 Salzburg | **ÖPNV** Buslinien 1, 3, 4, 5, 6, 21, 22, 25, 27, 160, 170, Haltestellen Makartplatz und Theatergasse | **Tipp** In der Scherzhauserfeldsiedlung in Salzburg-Lehen, wo Bernhard von 1947 bis 1949 eine Lehre als Einzelhandelskaufmann absolvierte, ist seit 1996 eine Straße nach dem Autor benannt.

SALZBURG

102 Das Trakl-Geburtshaus
Im Spannungsfeld von Traum und Wirklichkeit

»Es schweigt die Seele den blauen Frühling.« Melancholie pur, charakteristisch für Werk und Leben des Georg Trakl. Dieser Ausschnitt aus »Im Dunkel« entstammt einer Gedichttafel, von denen es noch weitere sieben in der Stadt gibt. Trakl (1887–1914) zählt als Mitbegründer des deutschen Expressionismus zu den bedeutendsten Lyrikern im deutschen Sprachraum. In seinem Geburtshaus in der Altstadt erinnern eine Ausstellung, eine moderne Installation aus weißen Buchstaben und eine Bronzetafel an den großen Dichter.

»Ich bin immer traurig, wenn ich glücklich bin.« Ein typisches Trakl-Zitat aus dem Dokumentarfilm, der vor jeder Führung gezeigt wird. Bilder, Autografen, wertvolles Originalmobiliar, eine Büste und ein düsteres Selbstbildnis resümieren ein Leben, das nach nur 27 Jahren im Spannungsfeld zwischen träumerischen Visionen und einer stets prekärer werdenden Wirklichkeit ein frühes Ende fand.

Trakl war das vierte von sieben Kindern einer bürgerlichen Familie mit guten Perspektiven für das Leben. Er besuchte ein Elite-Gymnasium, brach aber ab, er experimentierte mit Drogen; und eine Liebesbeziehung zu seiner Schwester Grete sagt man ihm auch nach, ohne dass sie bewiesen wäre. Seine in virtuose Sprachbilder gekleideten Gedichte zeigen zwei Gesichter: hier ein feiner Sinn für Schönheit, dort die Abgründe der Schwermut. Verfall und Untergang in seinen Werken gelten Österreich, Europa und ihm persönlich, glauben Trakl-Forscher. Die Realitäten des Ersten Weltkriegs und der damit verbundene Zerfall Europas haben ihn bei seiner Arbeit als Sanitäter in Galizien eingeholt. Er konnte den Anblick im Krieg elend sterbender Menschen nicht ertragen. Trakl kam nach einem Suizidversuch in eine Anstalt nach Krakau, wo er an einer Überdosis Kokain starb.

Die Führung durch das Geburtshaus zeichnet in berührender Weise das Leben eines äußerst feinfühligen Menschen und Poeten nach.

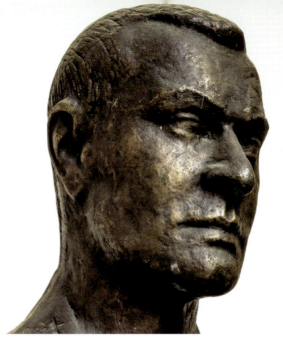

Adresse Waagplatz 1a, A-5020 Salzburg, Tel. +43 (0)662/845346 | **Öffnungszeiten** Führungen täglich, jeweils 14 Uhr, nur mit Anmeldung | **ÖPNV** Buslinien 3, 5, 6, 7, 8, 20, 25, 28, 160, 170, Haltestelle Mozartsteg/Rudolfskai | **Tipp** Gedichttafeln gibt es an den »Trakl-Orten« Waagplatz 1a, St.-Peters-Friedhof, Mönchsberg, Schwarzstraße 25, Eisenbahnbrücke, Mirabellgarten, Linzer Gasse 5 und Hellbrunner Schlosspark.

SALZBURG

103_Das Triangel
Stelldichein der Festspiel-Künstler und Studenten

Das Café-Restaurant Triangel schräg gegenüber den Festspielhäusern ist das heimliche Wohnzimmer der Festivalstars, die im Juli und August an der Salzach engagiert sind. Von Anna Netrebko bis Patricia Petibon, von Ben Becker bis zu Peter Simonischek – sie alle fühlten sich hier so wohl, dass sie für ihre Premieren- und Abschiedsfeiern einkehrten, sich in einer Probenpause mit Bio-Schmankerl stärkten oder den adrenalinreichen Tag mit einem Absacker ausklingen ließen. Ablesen lässt sich das an den mit Glückwunschkarten, Fotos und persönlichen Widmungen gespickten Wänden des Lokals. Die meisten nehmen auf Patron Franz Gensbichler Bezug. »Salzburg ohne dich unvorstellbar!«, befand etwa Mezzosopranistin Angelika Kirchschlager. Auch prominente Festspielbesucher von Thomas Gottschalk bis zum Wahl-Salzburger Franz Beckenbauer zog und zieht das Triangel zur Festspielzeit an.

Abgehoben und spleenig ist die Atmosphäre aber keineswegs. Um es sich mit dem Stammpublikum nicht zu verscherzen, werden zur Festspielzeit nur die 60 Plätze im Innenbereich und unter den Markisen reserviert. An den Biertischen jenseits der Wiener-Philharmoniker-Gasse kann es mitunter passieren, dass einem das entspannte Personal Künstler von Weltformat zugesellt. Die, das wird versichert, wenig Allüren an den Tag legen.

Dass im Triangel schon mal auf den Tischen getanzt wird, ist anzunehmen, aber es gelangt nichts aus dem Lokal hinaus. Das ist wohl ein Grund, warum es so beliebt ist. Ein anderer: Kulinarisch setzt das Küchenteam ganz auf regionale und biologische Produkte, von den Eierschwammerln aus dem Lungau bis zu den Fischen aus heimischen Gewässern. Statt Cola und Energydrinks gibt es naturtrüben Apfelsaft. Wenn die Universität wieder den Betrieb aufnimmt, fungiert das Triangel auch als Mensa. Studenten bevölkern die Tische, die wenige Wochen zuvor noch von Stars besetzt waren, und genießen die feine Küche.

Adresse Wiener-Philharmoniker-Gasse 7, A-5020 Salzburg, Tel. +43 (0)662/842229, www.triangel-salzburg.co.at | **Öffnungszeiten** Mo–Sa 12–24 Uhr, im Juli und Aug. auch So ab 12 Uhr | **ÖPNV** Buslinien 1, 4, 8, 22, Haltestelle Herbert-von-Karajan-Platz | **Tipp** Noch etwas Zeit, bevor der reservierte Tisch frei wird? Dann bietet sich ein Besuch der Kollegienkirche am Universitätsplatz an. Das Gotteshaus ist ein Hauptwerk des Barockarchitekten Fischer von Erlach.

SALZBURG

104__Die Villa Trapp
Auf den Spuren von »The Sound of Music«

Den »Edelweiß«-Song halten sie für die Nationalhymne der Österreicher, »Schnitzel with Noodles« für eine Leibspeise. Die Rede ist von jenen Salzburg-Besuchern aus Übersee, die ihr Österreich-Bild überwiegend aus dem 1965 entstandenen Hollywood-Streifen »The Sound of Music« bezogen haben. Thema ist die Geschichte der Salzburger Familie Trapp, die mit ihren Liedern die Herzen der Amerikaner eroberte. Die Verfilmung des Musicals mit Julie Andrews in der Hauptrolle lotst bis heute angeblich 300.000 Besucher im Jahr nach Österreich. Die Bustouren zu den Drehorten sind bestens besucht, und seit einigen Jahren steht auch der ehemalige Wohnsitz der Familie Trapp auf der To-do-Liste weit oben.

Als Drehort kam die Villa im ruhigen Vorort Aigen 1965 nicht in Frage, da sie nach dem Zweiten Weltkrieg von einer Missionarsgemeinschaft erworben worden war. Seit vor einigen Jahren die Besitzverhältnisse wechselten, präsentiert sich der ehemalige Trapp-Familiensitz als kleines Hotel in bester Ruhelage. Ein weitläufiger Park umgibt das Anwesen, in den elegant eingerichteten Zimmern erinnern viele Fotos an die früheren Bewohner und Salzburgs außergewöhnlichste Musikgeschichte abseits von Mozart. Ihren Ausgang nimmt sie Mitte der 1920er Jahre, als die angehende Nonne Maria Augusta Kutschera zum verwitweten Georg Ritter von Trapp geschickt wird, um ihn bei der Erziehung seiner sieben Kinder zu unterstützen. Bald wird geheiratet. Maria von Trapp erkennt ihr musikalisches Potenzial und formt eine professionelle Konzert-Formation. Weil sie mit den Nazis nichts zu tun haben wollen, gehen die Trapps 1938 in die USA und feiern als »Trapp Family Singers« rauschende Erfolge.

Die Trapp-Villa kann man auch im Rahmen einer Führung besichtigen. Und wen die romantischen Gefühle ganz überwältigen, der kann am einzigen authentischen Ort der »Sound of Music«-Saga auch heiraten.

216

Adresse Traunstraße 34, A-5026 Salzburg, Tel. +43 (0)662/630860, www.villa-trapp.com |
Öffnungszeiten Das Hotel ist ganzjährig geöffnet, Führungen nur auf Anfrage unter office@villa-trapp.com. | **ÖPNV** S3 oder Buslinie 7 nach Aigen S-Bahn, über Gyllenstormstraße zur Traunstraße, dann rechts 100 Meter | **Tipp** Gehen Sie auf die Original Sound of Music Tour – im Angebot bei www.panoramatours.com.

SALZBURG

105__ Der Wasser.Spiegel
Hier einen gegen den Durst!

Die Salzburger sind nicht nur mit Musik, sondern auch mit Wasser bestens versorgt. Wenn einem an einem brütend heißen Tag in der Altstadt einer der mehr als 20 öffentlichen Trinkwasserbrunnen und -spender ins Auge springt, dann ist man gerettet. Denn ihnen entströmt allerfeinstes Gebirgswasser. Kühl strömt der Trunk durch die Kehle – einfach ein Genuss! Niemand muss ins Wirtshaus, um für viel Geld seinen Durst zu stillen. Spannende Geschichten dazu erzählt die Schau »Wasser.Spiegel – Die Wasserwelt der Salzburg AG« auf dem Mönchsberg.

Salzburgs Fürsterzbischöfe entsandten ab dem 15. Jahrhundert Wasserreiter zum »Fürstenbrunnen« am Untersberg, um sich köstliches Quellwasser an die Tafel liefern zu lassen. Für gewöhnliche Städter waren gutes Wasser ebenso wie funktionierende Abwasserentsorgung allerdings lange Zeit keine Selbstverständlichkeit, wie Schautafeln und Exponate dokumentieren. Mitte des 17. Jahrhunderts scheiterte der erste Versuch, das Untersberger Wasser in die Stadt zu leiten. Die aus 3.237 Holzrohren zusammengestückelte Leitung zerbarst gleich bei der Inbetriebnahme. Erst 1875 später waren die Voraussetzungen gegeben, um das Quellwasser in einen Hochbehälter auf dem Mönchsberg zu befördern, wo heute auch die »Wasser.Spiegel«-Schau untergebracht ist.

Bis heute bezieht die Stadt einen Großteil ihres Wassers vom Untersberg. Und während man ein Glas davon genießt, kann man die Notizen des Salzburger Publizisten Karl-Markus Gauß studieren, der das Wasser diverser Metropolen verkostet hat. Dem Amsterdamer Wasser attestierte er einen »halb süßen, halb salzigen Ijsselmeer-Charakter«, auffällig an Londons Standardtrunk fand er den »leichten Rostton«, und in New York überkam ihn »beim Schlucken das signifikante Chlor-Würgen«. Am besten schnitt Salzburg ab mit dem »Champagner unter den verkosteten Leitungswässern. Es besticht durch seine Naturbelassenheit …«

Adresse Auf dem Mönchsberg, Dr.-Ludwig-Prähauser-Weg, Nähe Richterhöhe, A-5020 Salzburg, Tel. +43 (0)662/8884-3203, www.salzburg-ag.at/wasser/wasserspiegel/ | **Öffnungszeiten** Jan.–April, Nov., Dez. So 10–16 Uhr, Mai–Okt. Fr–So 10–16 Uhr | **ÖPNV** Buslinie 1, 4, 8, 22, Haltestelle Herbert-von-Karajan-Platz, 20 Minuten zu Fuß über Toscanini-Hof und Clemens-Holzmeister-Stiege | **Tipp** Ein lohnendes Ziel an Hitzetagen ist der Salzbeach im Volksgarten – Sandstrand und karibische Klänge von Mai bis September.

SALZBURG

106__Der Weinberg

Klein, aber fein ist die Salzburger Weinernte

Der Mönchsberg verbirgt hinter Hecken und Mauern nicht nur das ein oder andere feudale Refugium, sondern auch eine kulinarische Besonderheit: Einen Weinberg, der qualitätsvollen Weißwein abwirft. Hier wird an eine Tradition Salzburgs aus dem Mittelalter und der frühen Neuzeit angeknüpft. Klimaänderungen und vielleicht auch die Konkurrenz durch Importe sorgten dafür, dass die Reben von den Stadtbergen verschwanden und Salzburg heute eher als »Bierhauptstadt« Österreichs bekannt ist.

Im Jahr 2008 starteten vinophile Salzburger einen Anlauf zur Wiederbelebung der Mönchsberger Weinkultur. Als Versuchsgelände wurde ein Teil des »Paris-Lodron-Zwingers«, einer Wehranlage unterhalb der Richterhöhe, auserkoren. Nach eingehenden Untersuchungen entschied man sich, Frühroten Veltliner, auch Malvasier genannt, anzubauen. Die Trauben gedeihen recht früh, was wichtig ist. Denn trotz südostseitiger Ausrichtung des Hanges und einem Mikroklima, das eine etwas höhere Temperatur als in der Umgebung besitzt, sind die Bedingungen für den Weinbau in Salzburg generell an der Grenze.

Die schweißtreibende Arbeit übernahmen die Salzburger Pfadfinder, die den Hang für die neue Nutzung adaptierten und die Rebstöcke seither pflegen. Im Jahr 2010 wurde das erste Mal geerntet und vinifiziert – und siehe da, der eingedenk seiner Herkunft »Paris Lodron Zwinger« getaufte Tropfen bekam gute Noten.

Jährlich werfen die 538 Rebstöcke rund 500 Flaschen und dazu noch 30 Magnum-Flaschen ab. Klar, dass bei solchen Mengen Salzburgs Stadtwein nicht überall und jederzeit erhältlich ist. Vertrieben wird der Frührote Veltliner, der als facettenreich und mineralisch beschrieben wird, in erster Linie über die Pfadfinder. In den freien Verkauf kommen nur geringe Mengen. Darüber hinaus wird bei offiziellen Empfängen, etwa im Rahmen der Festspiele, die eine oder andere Magnum-Flasche geöffnet.

Adresse Mönchsberg 16, Nähe Richterhöhe, A-5020 Salzburg | **ÖPNV** Buslinien 1, 4, 8, 22, Haltestelle Herbert-von-Karajan-Platz, 20 Minuten zu Fuß über Toscanini-Hof und Clemens-Holzmeister-Stiege; oder via Mönchsbergaufzug ab Bushaltestelle Mönchsbergaufzug, circa 15 Minuten zu Fuß über den Mönchsberg | **Tipp** Einen guten Blick auf Salzburgs einzigen Weingarten hat man von der Richterhöhe. Wer eine Flasche vom »Paris Lodron Zwinger« erstehen will, kann im Pfadfinderhaus (Fürstenallee 45) bei Spirituosen Sporer (Getreidegasse 39) und bei Feinkost Kölbl (Theatergasse 2) sein Glück versuchen. Im artHOTEL Blaue Gans findet man den exotischen Tropfen mitunter auf der Getränkekarte.

SALZBURG

107__Der Wilde-Mann-Brunnen

Ein archaischer Anblick im Festspielbezirk

An aufwendig gestalteten Wasserspielen und prachtvollen Brunnen herrscht in Salzburg kein Mangel. Mit dem Wilden-Mann- oder Fischmarktbrunnen am Max-Reinhardt-Platz erstrahlt seit Kurzem auch wieder der sagenumwobenste Brunnen der Stadt in neuem Glanz. Blickfang ist die Brunnenfigur, ein sogenannter Wilder Mann mit langem Bart, schuppiger Haut, spindeldürren Fingern und einem laubbedeckten Haupt. In der Rechten hält er einen Knüppel oder ausgerissenen Baumstamm, in seiner linken Hand das Stadtwappen. Archaisch und imposant wirkt die Figur auf ihrem Säulenpodest. »Wildmänner« waren einst im Volksglauben vieler mitteleuropäischer Kulturen verwurzelt und standen für die bedrohliche Natur sowie die ungezähmte Seite des Menschen. Die genauen Bedeutungen verschwimmen im Dunkel der Geschichte. Fest steht, dass der Wilde Mann Salzburgs um das Jahr 1620 geschaffen wurde. Die aus Kupferblech getriebene Plastik – ursprünglich bunt bemalt – wurde zum Begleiter und Wächter des Fischmarktbrunnens, der als eine der wenigen Wasserstellen Salzburgs von den Bürgern der Stadt errichtet wurde. Das Stadtwappen in seiner Linken ist ein Hinweis darauf, dass dem Wilden Mann auch Schutzfunktionen zugeschrieben wurden.

Der kupfergrüne Geselle ist weit herumgekommen. Immer wenn der Fischmarkt umzog, ging auch er auf Wanderschaft – bis 1926 das Festspielhaus entstand. Damals wurde der Fischmarkt an die Salzach verlegt, während der Brunnen schließlich am Rande des Furtwänglergartens seinen Platz fand. Die marmornen Fischbehälter wurden abgebaut und durch ein einfaches Bassin ersetzt. Fische, über die der etwas an einen Wassermann erinnernde Wilde Mann gebieten könnte, schwimmen keine mehr zu seinen Füßen. Vielleicht schaut er deshalb so grimmig. Und möglicherweise liefert sein Anblick auch manchen Mimen gegenüber im Festspielhaus Inspiration für ihre Schauspielkunst.

222

Adresse Max-Reinhardt-Platz, A-5020 Salzburg | ÖPNV Buslinien 1, 4, 8, 22, Haltestelle Herbert-von-Karajan-Platz | Tipp Eine dringende Empfehlung sind die Führungen durch die Festspielhäuser, täglich 14 Uhr, Juli und August auch 9.30 und 15.30 Uhr.

SALZBURG

108__Das Zauberflötenhäuschen
Bescheidene Stätte Mozart'scher Inspiration

Wenn die Geschichte nicht stimmt, so ist sie zumindest gut erfunden: Als Wolfgang Amadeus Mozart 1791 den Auftrag zu einem Singspiel in der Tradition des Alt-Wiener Zaubertheaters annahm, soll ihn sein Librettist Emanuel Schikaneder regelrecht kaserniert haben, um die termingerechte Fertigstellung zu gewährleisten. Ort des Geschehens: Ein Gartenhäuschen beim Wiener »Freihaustheater« (Theater auf der Wieden), das Schikaneder führte und wo »Die Zauberflöte« schließlich am 30. September 1791 ihre Uraufführung erlebte. Mozarts Schaffensfreude scheint das künstlerische Korsett nicht geschadet zu haben, wenn man die Vielschichtigkeit seiner wohl bekanntesten Oper betrachtet.

Die einstige Kreativwerkstatt des Meisters ist heute im Garten der Stiftung Mozarteum zu bewundern. Die Verpflanzung nach Salzburg ist eine Folge des Mozart-Kults, der in der zweiten Hälfte des 19. Jahrhunderts einsetzte. 1873 schenkte der bisherige Besitzer, Fürst Starhemberg, den bescheidenen Holzbau der wenige Jahre zuvor gegründeten internationalen Stiftung Mozarteum. In Salzburg wiederaufgebaut, fand sich kein idealer Platz. Vom Mirabellgarten wanderte das Häuschen auf den Kapuzinerberg. Dort hinterließen die Zeit und Spaßvögel ihre Spuren, und so kam das Gebäude nach dem Zweiten Weltkrieg zurück ins Tal, wo es restauriert wurde.

Spartanisch ist es eingerichtet, mit einem alten Tisch und zwei Stühlen. Jedenfalls viel zu klein, um – wie es Miloš Forman in seinem Film-Klassiker »Amadeus« (1984) darstellte – als Ort für rauschende Partys zu dienen. Ein Plakat an der Wand führt zurück ins Jahr 1791, als für die Uraufführung die Trommel gerührt wurde. Zwei Bilder, die Papageno, Tamino, Pamina und weitere Figuren zeigen, sowie zwei Infotafeln zur Geschichte des Häuschens kann man auch noch sehen.

Sind die Besucher gegangen, wird das Gebäude wieder versperrt, und das Genie träumt weiter.

Adresse Schwarzstraße 26, A-5020 Salzburg, Tel. +43 (0)662/889400 | **Öffnungszeiten** in der Regel nur bei Konzerten zugänglich, am besten Di im Rahmen der kostenlosen Veranstaltungsreihe »Orgel zu Mittag« um 12.30 Uhr vorbeikommen; Termine unter www.mozarteum.at | **ÖPNV** Buslinien 1, 3, 4, 5, 6, 21, 22, 25, 27, 160, 170, Haltestellen Makartplatz oder Theatergasse | **Tipp** Obwohl oft überlaufen, ist auch Mozarts Geburtshaus in der Getreidegasse 9 unbedingt einen Besuch wert.

SEEHAM

109___Der Teufelsgraben
Wo Armbrustschützen gern Ripperl essen

Nein, der Leibhaftige hatte seine Hände nicht im Spiel. Es waren vielmehr die Erosion und andere Naturgewalten, die den Teufelsgraben am Obertrumer See geschaffen haben. Ein Naturlehrpfad macht Besucher mit der Geologie sowie der Tier- und Pflanzenwelt der Waldschlucht vertraut und führt vorbei am Wildkarwasserfall zu zwei Mühlen, die im Zuge des Öko-Kulturprojekts »Teufelsgraben« revitalisiert worden sind: einer Kugelmühle und einer Getreidemühle.

Wissensvermittlung und altes Brauchtum stehen in der Region hoch im Kurs, wie das Beispiel der Armbrustschützen zeigt: Hermann Rosenstatter, Bio-Bauer und Wirt vom Schießentobel, hat auf seinem Hof bereits in den 1980er Jahren einen Armbrust-Schießstand errichtet, um den »Seehamer Stachelschützen« eine Heimat für ihre Wettschießen zu geben. Neben den Salzburger Landesmeisterschaften gehen hier etliche Geburtstags-, Hochzeits- und Ehrenschießen über die Bühne, die meist mit einem geselligen Ripperlessen verbunden werden. Ein »Schützenmeister« sorgt für Sicherheit. Jeder Schütze, der trifft, erhält seine Scheibe als Andenken. Besucher können sich ab einer Gruppe von zwölf Personen mit dieser uralten Fertigkeit eingehend beschäftigen. Im nahen Paulsepplgut betreibt Johann Steiner, mehrmaliger Landesmeister im Armbrustschießen, eine Armbrust-Werkstätte im Nebenerwerb. Seine Handwerkskunst hat er autodidaktisch erlernt und weiterentwickelt. Für den Bau einer Armbrust verwendet er edelste Nusshölzer.

Im Brechelbad-Museum gleich nebenan kann man nachvollziehen, wie bis zur Mitte des vorigen Jahrhunderts Flachs zu Leinen verarbeitet wurde. Kulturhistorischer Höhepunkt im Teufelsgraben ist die Rohrmoosmühle, wo Bio-Bauern aus dem Trumer Seenland mit der Kraft des Wassers ihr Getreide auf traditionelle Weise mahlen lassen. Der Müller führt persönlich durch die restaurierte Mühle mit ihren klappernden Werken.

Adresse Einstieg unter anderem beim Bio-Hotel Schießentobel, Schießentobel 1, A-5164 Seeham (Matzing), www.teufelsgraben.at | **Anfahrt** Über Autobahnausfahrt Salzburg Nord in Richtung Obertrum | **Tipp** Die Teufelsgraben-Runde gibt es in Varianten von 1,5 und 2,5 Kilometern Länge. Geführte Wanderungen bietet der Tourismusverband Seeham an (Tel. +43 (0)6217/5493).

SEEKIRCHEN AM WALLERSEE

110__O-Fischers Seeterrasse

Safari-Stützpunkt am wilden Ende des Wallersees

Enten und Blässhühner patrouillieren auf und ab, aus dem Schilfgürtel tönt mannigfaches Zirpen, Krächzen und Quaken – in seiner
südwestlichen Ecke präsentiert sich der Wallersee als berückende
kleine Wildnis. Von O-Fischers Seeterrasse aus kann man das Na-
turspektakel wie von einer Safari-Lodge betrachten. Eine Panora-
maverglasung hält den Wind ab und sorgt für beste Beobachtungs-
bedingungen. Man lehnt sich zurück und lässt das Leben im
Schutzgebiet Fischtaginger Spitz an sich vorüberziehen. Dazu passt
ein Karpfensalat oder eine Jause mit geräucherten Fischen – alles ga-
rantiert von hier, aus den Fluten geholt von der Familie Kapeller, die
seit 1894 das Gewerbe der Fischerei am Wallersee ausübt.

Die Kapellers betreiben auch den Bootshafen und den Bootsver-
leih nebenan. Wem reine Naturbetrachtung zu wenig ist, nimmt mit
Elektroboot oder Kanu eine Wassersafari in Angriff. Mit einigem
Abstand zum Schilfgürtel, um brütende Vögel nicht in Stress zu ver-
setzen, geht es auf den See hinaus. Noch etwas urtümlicher zeigt
sich die Fischach, die den Wallersee nach Süden hin verlässt. Auf
den ersten paar hundert Metern windet sich der Wasserlauf durch einen mangrovenartigen Sumpf. Bäume haben ihr Wurzelwerk im
Schlamm verankert, krautige Vegetation begleitet die Ufer, Libellen
flitzen über das Wasser. Seit Kurzem bereichern zwei Biber die lo-
kale Fauna, erfährt man. Ein Nagerbau ist im Uferdickicht auszumachen.

Eine Schleuse ist zu passieren, dann kommen schon die ersten
Häuser von Seekirchen mit Hinterausgang zur Fischach-Wildnis
in den Blick. Unbeeindruckt von den Kanu-Wanderern behauptet
ein Schwan sein Terrain. Er hält die Eindringlinge in Schach, während seine Partnerin mit dem Nachwuchs passiert. Ein Besuch in
O-Fischers Frisch Fisch Ladl mit Spezialitäten vom Wallersee ist
Pflicht, dann geht es in einer Schleife wieder zurück an den Aus-
gangspunkt.

Adresse Seestraße 3, A-5201 Seekirchen am Wallersee, Tel. +43 (0)664/5060760, www.weintraube-seekirchen.at und www.bootsverleih.at | **Öffnungszeiten** Mai – Sept. bei Schönwetter ab 11 Uhr | **Anfahrt** A1 Abfahrt 281 Wallersee, Richtung Wallersee/ Eugendorf/B1 nach Norden, nach 4 Kilometern links abbiegen nach Brunn und den Schildern Wallersee/Strandcamping folgen, am Campingplatz vorbei zu Fuß zum See | **Tipp** Süßspeisenfreunde pilgern zur Konditorei Moser an der Hauptstraße 50 in Seekirchen – Torten und Apfelstrudel schmecken hervorragend.

WALLERSEE

111 Das Wenger Moor
Die Eiszeit lässt grüßen

Man weiß, dass sie da draußen irgendwo herumschwirren, die Eisvögel, die Wachtelkönige, die Neuntöner, die Bekassinen, die Kiebitze und wie sie alle heißen. Das Wenger Moor vor den Toren Salzburgs ist ein Vogelparadies, in dem von Frühling bis in den Herbst ganz schön was abgeht – ornithologisch gesprochen. Kein Wunder, bietet doch das 300 Hektar große Naturschutzgebiet am Nordwestufer des Wallersees den gefiederten Gesellen hervorragende Brutbedingungen und ein Nahrungsangebot nach ihrem Geschmack. Das gilt übrigens auch für Amphibien und Insekten.

Hoch- und Niedermoore, Waldinseln, Tümpel mit Totholz, mäandernde Rinnsale, Feuchtwiesen und eine Uferzone mit Schilfflächen umfasst das kleinteilige Landschaftsmosaik, das sich zwischen den Gemeinden Seekirchen, Köstendorf und Neumarkt ausdehnt. Die gestaltende Kraft war ein Zweig des Salzachgletschers, der vor 12.000 Jahren abschmolz und ebenso reizvolle wie störungsanfällige Übergangsbereiche zwischen Wasser und Land hinterließ.

Seitdem der Wallersee ökologisch stabilisiert worden ist, haben auch Naturfreunde wieder ihre Freude an ihm. Einen guten Einstieg bietet ein Rundweg, der bei der kleinen Ortschaft Weng seinen Ausgang nimmt und von einem Aussichtsturm schöne Ausblicke eröffnet. Man kann aber auch von Seekirchen im Süden oder Neumarkt am Nordende des Sees in das Wenger Moor vorstoßen. Schautafeln liefern Informationen über die verschiedenen Biotope und ihre Bewohner. Teile des Moores sind tabu für Besucher – man darf sicher sein, dass hier seltene Vögel ihre Brutstätten haben. Mit einem Fernglas in der Hand und einer Portion Geduld kann man ihnen auf die Schliche kommen.

Oder man überlässt die Begegnungen dem Zufall und wird bald Zeuge kleiner Wunder der Natur: Eine Streuwiese, über die Schmetterlinge gaukeln, ein Froschkonzert aus einem brackigen Teich oder einfach glitzernde Tropfen im taunassen Gras.

Adresse Zwischen A-5201 Seekirchen, A-5203 Weng und A-5202 Neumarkt am Wallersee | **ÖPNV** Mit der S 2 von Salzburg in einen der drei Orte; das Fahrrad kann man mitnehmen | **Anfahrt** A 1 Richtung Linz/Wien, Ausfahrt 281-Wallersee, dann über die B 1, die L 102 und die L 238 in nördlicher Richtung an das Wenger Moor herantasten | **Tipp** Empfehlenswert sind geführte Wanderungen durch das Moor mit Landwirt und Natur-Guide Josef Wengler (Tel. +43 (0)664/1431008). Die Fischspezialitäten im Restaurant Winkler an der Uferstraße 33 (Neumarkt am Wallersee) sollte man sich nicht entgehen lassen.

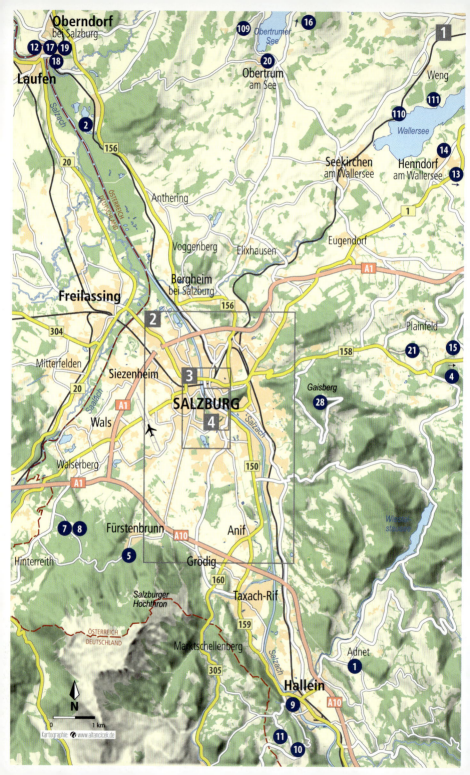

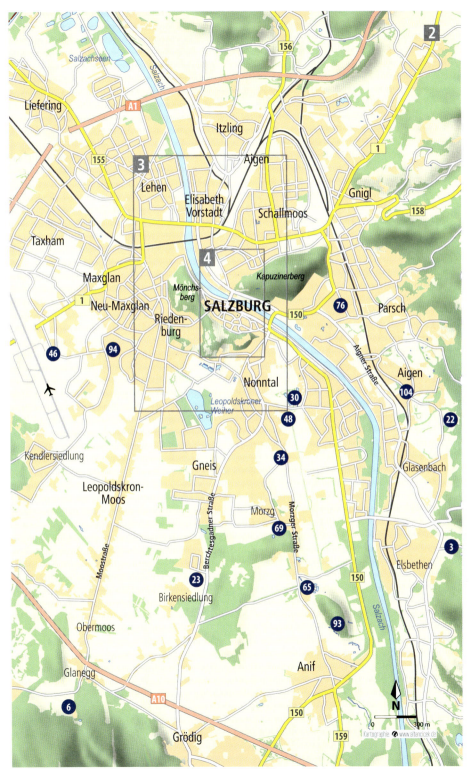

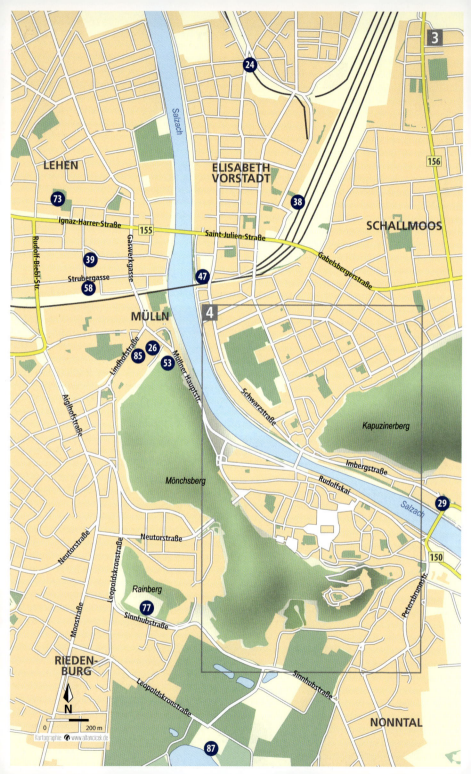

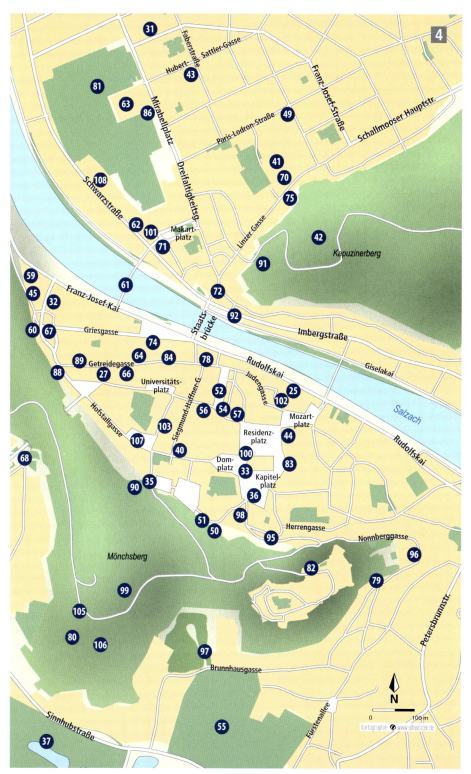

Peter Eickhoff
111 Orte in Wien, die man gesehen haben muss
ISBN 978-3-89705-969-6

Lisa Graf-Riemann,
Ottmar Neuburger
111 Orte im Berchtesgadener Land, die man gesehen haben muss
ISBN 978-3-89705-961-0

Daniela Bianca Gierok,
Ralf H. Dorweiler
111 Orte im Schwarzwald, die man gesehen haben muss
ISBN 978-3-89705-950-4

Barbara Goerlich
111 Orte auf der Schwäbischen Alb, die man gesehen haben muss
ISBN 978-3-89705-948-1

Gerald Polzer, Stefan Spath
111 Orte in Graz, die man gesehen haben muss
ISBN 978-3-95451-466-3

Rüdiger Liedtke
111 Orte in München, die man gesehen haben muss
ISBN 978-3-89705-892-7

Rüdiger Liedtke
111 Orte in München, die man gesehen haben muss
Band 2
ISBN 978-3-95451-043-6

Rüdiger Liedtke
111 Orte auf Mallorca, die man gesehen haben muss
ISBN 978-3-89705-975-7

Christina Kuhn, Katrin Höller
111 Orte in Südwestfalen, die man gesehen haben muss
ISBN 978-3-89705-926-9

Ralf Nestmeyer
111 Orte in der Provence, die man gesehen haben muss
ISBN 978-3-95451-094-8

Bernd Imgrund
111 Kölner Orte, die man gesehen haben muss
Band 1
ISBN 978-3-89705-618-3

Bernd Imgrund
111 Kölner Orte, die man gesehen haben muss
Band 2
ISBN 978-3-89705-695-4

Peter Eickhoff
111 Düsseldorfer Orte, die man gesehen haben muss
ISBN 978-3-89705-699-2

Peter Gitzinger
111 Orte im Saarland, die man gesehen haben muss
Band 1
ISBN 978-3-89705-709-8

Peter Gitzinger
111 Orte im Saarland, die man gesehen haben muss
Band 2
ISBN 978-3-89705-886-6

Bernd Imgrund
111 Orte im Kölner Umland, die man gesehen haben muss
ISBN 978-3-89705-777-7

Carsten Henn
111 deutsche Weine, die man getrunken haben muss
ISBN 978-3-89705-849-1

Alexandra und Jobst Schlennstedt
111 Orte an der Ostseeküste, die man gesehen haben muss
ISBN 978-3-89705-824-8

Lucia Jay von Seldeneck,
Carolin Huder, Verena Eidel
**111 Orte in Berlin, die
man gesehen haben muss**
ISBN 978-3-89705-853-8

Fabian Pasalk
**111 Orte im Ruhrgebiet, die
man gesehen haben muss**
ISBN 978-3-89705-814-9

Gabriele Kalmbach
**111 Orte in Dresden, die
man gesehen haben muss**
ISBN 978-3-89705-909-2

Oliver Schröter
**111 Orte in Leipzig, die man
gesehen haben muss**
ISBN 978-3-89705-910-8

René Förder
**111 Orte in Sachsen-Anhalt,
die man gesehen haben muss**
ISBN 978-3-89705-911-5

Rike Wolf
**111 Orte in Hamburg, die
man gesehen haben muss**
ISBN 978-3-89705-916-0

Thomas Baumann
**111 Orte in der Kurpfalz, die
man gesehen haben muss**
ISBN 978-3-89705-891-0

Gertrud und Joachim Steiger
**111 Orte im Odenwald, Spessart
und an der Bergstraße, die man
gesehen haben muss**
ISBN 978-3-89705-945-0

Lucia Jay von Seldeneck,
Carolin Huder, Verena Eidel
**111 Orte in Berlin,
die Geschichte erzählen**
ISBN 978-3-95451-039-9

Stefan Spath, Gerald Polzer
111 Orte im Salzkammergut, die man gesehen haben muss
ISBN 978-3-95451-231-7

Bernd Imgrund
111 Orte in der Eifel, die man gesehen haben muss
ISBN 978-3-95451-003-0

Stefanie Jung
111 Orte in Mainz, die man gesehen haben muss
ISBN 978-3-95451-041-2

Gabriele Kalmbach
111 Orte in Stuttgart, die man gesehen haben muss
ISBN 978-3-95451-004-7

Gerald Polzer, Stefan Spath
111 Orte in Oberösterreich, die man gesehen haben muss
ISBN 978-3-95451-857-9

Gerald Polzer, Stefan Spath
111 Orte in der Steiermark, die man gesehen haben muss
ISBN 978-3-7408-0140-3

Lust auf mehr? Laden Sie sich die »LChoice«-App runter, scannen Sie den QR-Code und bestellen Sie weitere Bücher direkt in Ihrer Buchhandlung.

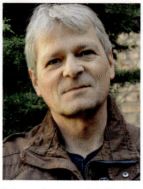

Der Autor

Stefan Spath, 1964 in Tirol geboren, lebt und arbeitet als Reisejournalist, Autor und Texter in Wien. Mit der Salzach-Stadt machte er zu Beginn seines Studiums in den grauen 1980er Jahren das erste Mal Bekanntschaft. Seither verbindet ihn eine On-Off-Beziehung mit Salzburg. »On« im Frühjahr und im Herbst, »off« an verregneten Tagen. Als Radfahrer fühlt sich der Autor in Salzburg genauso wohl wie als Stadtwanderer auf dem Mönchs- und Kapuzinerberg.

Die Fotografin

Pia Claudia Odorizzi von Rallo, geboren 1964 in Wels, lebt und arbeitet in Wien und Oberösterreich. Seit 25 Jahren ist sie selbstständige Fotografin mit den Schwerpunkten Architektur, Kunst und Emotion. Architekturfotografie ist für Pia Odorizzi meditative Arbeit. Die Herausforderung dabei ist, die Klarheit und Perfektion, aber auch die Intention der Objekte zur Wirkung zu bringen. Die Arbeit mit Menschen führt sie vom Sichtbaren zum Nicht-Offensichtlichen. Sie bringt ihre persönlichen Geschichten zum Ausdruck.